MBA
Master of Business Administration

「つまるところ人と組織だ」と思うあなたへ

早稲田大学ビジネススクール教授 **杉浦正和**　　イラスト **谷 益美**

同友館

目　次

はじめに ━━━━━━━━━━━━━━━━━━━━━━ 1
1つの目的：見方の整理箱 ……………………………… 2
2つの特徴：かぞえ歌と読みきり ……………………… 3
3つのテーマ：S・M・L ………………………………… 4
4つのお願い：持論・語呂・表現・英語 ……………… 5
5人のご協力者：インタビューとイラスト …………… 6
6つの魅力：「人材・組織」という分野 ……………… 8
7、8＆9：数のイメージとかぞえ歌 ………………… 15

Sのかぞえ歌 (ストラテジー) ━━━━━━━━━━━━━━━ 17
S-1：1つの定義〜戦略的意思決定とは ……………… 18
S-2：2つのW (original)〜適材適所 …………………… 22
S-3：3つのCと3つの角（ハックスとワイルドⅡ）… 26
S-4：4つの象限（BCG／フェレンス）………………… 30
S-5：5つのチカラ（ポーター）………………………… 36
S-6：6種の問い〜ソクラテス式質問法 ………………… 42
S-7：7つのS（マッキンゼー）………………………… 46
S-8：8つのアンカー（シャイン）の応用 ……………… 50
S-9：9つのブロック（オスターワルダーら）と窓の外 …… 56

S-エッセイ
ミンツバーグの戦略サファリ …………………………… 60

S-インタビュー
池上重輔〜結果の出る戦略を考える …………………… 75

目次 iii

Mのかぞえ歌 ━━━━━━━━━━━ 89
（モチベーション）

M-1：1歩目を踏み出す〜五分五分が1番 …………… 90
M-2：2つの発と2つの要因〜そしてバランス（アダムス）…… 94
M-3：3つの見積もり（ブルーム）………………………… 98
M-4：4つの源から湧く自己効力感（バンデューラ）…… 102
M-5：5段の鏡餅（マズロー）…………………………… 106
M-6：6つの学ぶ動機（市川）…………………………… 110
M-7：7つのフローの状態（チクセントミハイ）………… 114
M-8：8つのコミットメントの顔（original）…………… 118
M-9：9（く）やしさバネ（original）…………………… 122

M-エッセイ
バラとドクロとヤルキの公式 ……………………………… 126

M-インタビュー
枝川義邦〜ヤルキを脳科学から考える ………………… 143

Lのかぞえ歌 ━━━━━━━━━━━ 161
（リーダーシップ）

L-1：1歩でも先をゆく人のありかた（original）……… 162
L-2：2つのディベート（三隅）………………………… 166
L-3：3つのスタイル（レヴィン）〜英語とどう向かい合うか … 172
L-4：4段シフトの運転 …………………………………… 176
L-5：5つのステージ（タックマン）…………………… 180
L-6：6回のターン（チャラン＝ノエル＝ドロッター）…… 184
L-7：7つの音符〜パワー・フレーズ（original）……… 190
L-8：8つのステップ〜組織変革（コッター）………… 196
L-9：9つのC（アイアコッカ）と究極の問い ………… 200

| **L-エッセイ** |
中学校ブラスバンドとオルフェウス室内管弦楽団 ············ 206

| **L-インタビュー** |
桜井優徳〜指揮者のリーダーシップ ······················· 217

おわりに ━━━━━━━━━━━━━━━━━━━ 233

1. そら豆をつまみながら ································ 234
2. おせち料理の3段重 ·································· 235
3. ミッションとS・M・L ······························· 237
4. 岩田松雄〜全体の振り返り ···························· 238
5. 整理・整頓・片づけ ································· 246

索引 ··· 251
参考文献 ··· 253

はじめに

1つの目的：
見方の整理箱

　この本の目的は、経営について日ごろから「つまるところ人と組織だ」と感じている方に、理解と応用の助けとなる整理箱を「かぞえ歌」の形で提供することです。

　経営を学ぶためには、3つの基本的アプローチがあります。
　1つめは、「用語」に関して、きちんと理解すること。
　2つめは、「事例」をもとに、自分で考えてみること。
　3つめは、「見方」について、色々なアプローチを身につけること。
　この本は、そのうちの特に最後の「見方」にかかわるものです。
　具体的な概念を知り、事例に応用し、さらに実践の段階に進むためにも、さまざまな「ものの見方」を知ることは有益です。
　枠組みや理論を知って自家薬籠中のものとすれば、ものごとを素早く理解したり相手にわかりやすく表現したりできます。見方を知ることで、見え方も見せ方も変えることができます。見方を増やすことは道具をそろえることにも似ています。道具を覚えやすい形で整理すれば使いやすくなると考えました。
　ビジネスや経営には、さまざまな分野があります。
　「マーケティング」「ファイナンス」「会計」「戦略」「人材・組織」——これらはビジネススクールにおいては「コア科目」と呼ばれます。「人材・組織」は経営を学ぶうえでの主要な分野のうちのひとつともいえますが、同時に他のあらゆる科目にかかわっています。人と組織がなければ他のいかなる活動も成立しないからです。ですから、「人と組織『も』大切」と感じている方にも使っていただければ幸いです。

2つの特徴：
かぞえ歌と読みきり

　この本には2つの特徴があります。

　第1に、さまざまなものの見方を「かぞえ歌」の形で紹介していることです。枠組みには「分類する数」、理論には「構成要素の数」があるため、「数」に関係するものがたくさんあります。一方で、あまりに多くて覚えきれず混乱することもあります。

　この本では、人材・組織についての見方を「ひとつとせ」「ふたつとせ」‥‥という形で並べてみることにしました。それぞれのテーマについて1つ、合計で「3つのかぞえ歌」を用意しました。例えば「リーダーシップの7つの○○」は「Lの章ななつとせ（L-7）」となります。

　理由は単純です。格段に覚えやすくなるからです。せっかく勉強して道具を手に入れても読んだはしから忘れてしまっては使えません。

　人間の短期記憶は、7つプラスマイナス2しか保持できないそうですが、かぞえ歌を補助手段にすれば、上限の9つくらいまでは覚えられるようになると考えました。この本をまとめるにあたって、まずは覚えやすさを優先して道具を紹介をしてみようと思いました。

　第2に、それぞれの項については読み切りとしていることです。これも理由は簡単です。必ずしも最初から通して読まずに必要な箇所だけを読む（必要な道具だけ取り出す）ことが可能となるからです。

　「確か、『ストラテジーの5』あたりに何かあったな…」。それだけを記憶していれば、「S-5」のページを辞書のようにひいて使うこともできるようにしてあります。枠組みや理論は道具です。道具は所定の場所に整頓して必要なときにさっと使えるようにしたいと考えました。

3つのテーマ：
S・M・L

言うまでもないことですが経営学にはさまざまなテーマがあります。この本では、それらの中でも「ストラテジー（strategy）」「モチベーション（motivation）」「リーダーシップ（leadership）」の3つのテーマに絞りました。

「人と組織」の分野に絞っても他にもたくさんの重要なテーマがあるのですが、すべてを網羅することは不可能です。まずはこの3つの分野に焦点を当てて、道具を用意してみることにしました。

ストラテジー（戦略）については、頭文字を取って「Sの章」としました。モチベーション（意欲あるいはヤルキ）は「Mの章」。リーダーシップは「Lの章」。戦略を立て、メンバーの意欲をかきたて、全体をまとめるのがリーダーだと考えることができますから、S→M→Lの順としました。

「S・M・L」は、まるで服やみかんのサイズを表す記号のようです。それで選んだり並べたりしたわけではなく偶然ですが、さらに覚えやすさが増したのは幸運でした。

各章に「ひとつとせ」から「ここのつとせ」まで、かぞえ歌が並んでいます。そのあとに、各章の全体に関わるエッセイを書いてみました。Sの章が「ミンツバーグの戦略サファリ」、Mの章が「バラとドクロとヤルキの公式」、Lの章が「中学ブラスバンドとオルフェウス」です。

また、S・M・Lのそれぞれについて少し角度を変えて振り返ることを目的として、分野の異なる3人にインタビューを行いました。最後には「まとめのまとめ」として全体を振り返るインタビューを載せています。アイディアをビジュアルに表現するため、できるだけ1つの章に1つずつイラストを入れました。

4つのお願い：
持論・語呂・表現・英語

　この本をお読みいただく前に、「4つのお願い」をさせてください。

　まず、かぞえ歌の形で紹介してある考え方は教科書でも紹介されるフレームワークや理論が中心です。同時に私のオリジナルなアイデアもいくつか紹介させていただきました。世間で確立した理論ではなく持論や戯言（ざれごと）に近いものですので、ご留意ください。そのような項目には"original"の記号をつけておきました。

　次に、枠組みや理論のほとんどは数字で始まりますが、なかには単なる語呂あわせもあります（例えば、「く（9）やしさバネ（M-9）」や「究（9）極の問い（L-9）」は「9」にひっかけてあります）。「いろいろ苦労したようだな」とか「もともとかぞえ歌はそんなものだしな」と、どうぞ大目に見てください。

　また、この本では、厳密さよりは覚えやすさを優先し、深さよりは広さを優先しています。扱っている内容は本来硬いものですが、表現のトーン＆マナーは「やや甘口」です。「ソフトだと思っていたら意外と中身は硬かった」と思う人もいるでしょうし、「深く勉強したいと思っていたのに厳密さが足りない」という感想を持つ人もいると思います。しかし、何かを優先して何かを捨てるのが戦略。それがこの本のポジショニングであり特徴であるとご理解下さい。

　最後に、用語のうちの多くについては、日本語訳やカタカナ表記と共に英語を付記しました。ぱっと見るとやや英語が多いように感じるかも知れませんがキーワード（keyword）の日英併記は私のポリシーです。もはや英語で躊躇（ちゅうちょ）しているわけにはいきません。せめて世界共通の経営のキーワードについてはもとの英語を念頭においてほしいという願いをこめています。

5人のご協力者：
インタビューとイラスト

既に述べたように、この本では5人の「その道のプロ」の方々にご協力をあおぎました。

「S（ストラテジー）の章」は、戦略論の専門家である池上重輔(じゅうすけ)先生。早稲田大学ビジネススクール（WBS）では戦略の講義のご担当です。「大学の国際化」を共同して関わってきたご縁があり、企業研修・ケース執筆・学会発表など共に幅広く活動を行ってきました。また戦略コンサルティング・資産運用・マーケティングなど、私とは実務経験の基盤の多くを共有しています。

「M（モチベーション）の章」は、脳科学者の枝川義邦先生。WBSの人材・組織マネジメントモジュールでは「経営と脳科学」の講義のご担当です。脳科学の専門家でありながらMBAも持っている稀有な先生です。私とは早稲田大学の先端科学の研究所（ASMeW）で同僚となって以来、一緒に授業を行ったり共同で論文を書いたりしてきました。言うまでもなくヤルキは脳のなかで起こる現象です。脳科学の観点から振り返ることで、この章の納得感は倍増すると思います。

「L（リーダーシップ）の章」は、指揮者の桜井優徳(まさのり)先生。私が担当しているWBSのコア科目「人材・組織」においては最終回の授業で「指揮者から見たリーダーシップ論」をお話いただいています。また、実際に校歌の指揮をお願いしたこともあります。現役の指揮者でありながら経営コンサルティングの仕事もご経験され、『リーダーに大切なことはすべて「オーケストラ」で学んだ』という著書もあります。

「おわりに」の章で全体を一緒に振り返っていただいているのは、元スターバックス・ジャパンCEOの岩田松雄先生。イオンフォレスト（ボディショップ・ジャパン）のCEOとして売り上げを倍増されました。私とは日産自動車の入社同期で、32年来の友人です。WBSでは共同で

「ミッションと人的資源マネジメント」という授業を行っています。著書は数多くありますが、なかでも一押しは『ミッション』。この本においては"S・M・L"の全体を岩田先生が一番大切にされているミッションとの関係から振り返ります。

　そして、この本のイラストをご担当いただいているのが、谷益美先生。「Office 123」の代表として幅広く企業の指導をされているほか、WBSの人材・組織マネジメントモジュールでは「ビジネス・コーチング」の講義をご担当。ホワイトボードをこよなく愛する谷先生はもともと漫画研究会の出身で、手描きのイラストも字もとても味わい深いものです。何より、共同の活動を通して話の中身を深く理解していただいています。この本の企画がまとまった段階で迷わずイラストをお願いしました。

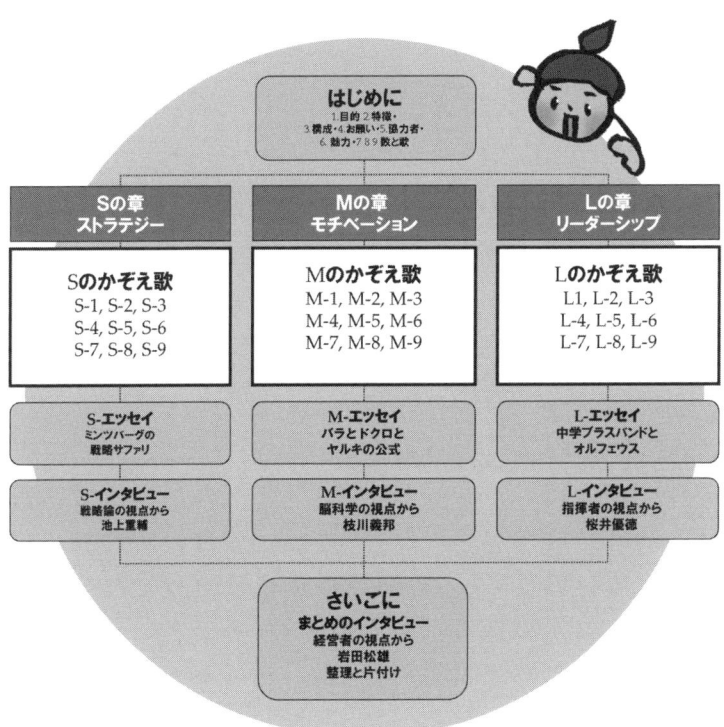

6つの魅力：
「人材・組織」という分野

「S・M・L」の各論について紹介するのに先立ち、「人材・組織」という分野の魅力について、私なりの説明を試みたいと思います。

この分野は、カバーする範囲がとても広いことが特徴です。それ自身ひとつの魅力といえますが、間口が広いだけに明瞭なイメージを持ちにくいかも知れません。「なんだか曖昧だなぁ」「何とでも言えるんじゃないか」という印象を持つ人もいるでしょう。しかし、多くの人が持ちがちなそのような先入観とは逆に、実はとても魅力溢れる領域です。

6-1.「いきいき」の正体

この領域は、人材が「生き生きとはたらくにはどうすればよいか」、組織を「活き活きしたものにするにはどうしたらよいか」を考えるためのもの。このテーマの第一の魅力は、優れたパフォーマンスをもたらすライブ感の正体を見極めることが分野の目的のひとつであることです。

「人材」のことを経営学では「人的資源（human resources）」と呼びます。なかでもヤルキ全開で能力や才能を発揮している人は、組織にとって貴重な「人財（talent）」です。

「組織（organization）」ははたらくひとびとが集まったものですが、単に人間が集まっただけでは組織はできません。皆さんが既に職場で経験されているように、「組織」は人が分業したり協業したりしながら有機的（organic）につながりあったものです。活性化した組織と死んだような組織とでは、組織としての業績も個人としての働き心地も天と地ほどに違う――そのことは、既に経験済みだと思います。

職場である組織は信頼もあれば裏切りもあり笑いもあれば涙もある、ドラマに満ちた命の宿る場所です。職場における仕事は「人生」そのものです。人は仕事を通じて「生活」を営みます。そして人材にも組織

にも「生命」があります。示唆深いことに、人生・生活・生命の3つの言葉は、英語では「ライフ（life）」という同じひとつの言葉です。ですから「人材・組織」はビジネスにおけるライフサイエンスともいえるのではないかと考えています。ライブ（live）な魅力で人を惹きつける組織や人材に関して考えるこの分野がそれ自体魅力的なのは、ある意味で自然なことだといえるでしょう。

6-2.「実践」も「学問」も

　「人材・組織」という分野の第2の魅力は、実践的にも学問的にもアプローチできることです。ビジネススクールの科目としての「人材・組織」は、100％実践的でもなければ100％学問的でもありません。この分野を学ぶ際には、実践と学問の両方のアプローチを同時にバランスよく行うことが大切であり、またそこがこの分野の学びの醍醐味です。

　「人材・組織」は経営者や人事部だけでなく、すべてのマネジャーにとっての重要事項です。組織の中で昇進を続けていくほど仕事に占める「ひとと組織のマネジメント」の比率は高くなっていきます（あるいは頭痛の種が増えるということかも知れません）。

　組織や人材のマネジメントとディベロップメントは、実務そのもの。実践的な問いとは、「部下のヤルキを高めるにはどうしたらよいか」とか「今いる組織を実際にどのようにすれば活性化できるか」などの課題に対して個別具体的に"How?"を考えていくことです。

　それに対して学問的な問いとは、例えば「およそ組織はどのような原理で成立しているか」とか「およそ人材はどのような条件の時にモチベートされるか」とかといったものです。問いの本質は「一般性」であり"Why?"を掘り下げていくことと言い換えることもできます。どのような人材や組織にも通じる普遍的な原理を考えていくのです。

　「人材・組織」の分野には、理論がたくさんあります。人材の分野の学問は「ミクロ組織論」、組織の分野の学問は「マクロ組織論」と呼ばれます。

理論はセオリー（theory）。この言葉は「劇場（theater）」と同じ語源で、ものごとを遠くから眺めて本質を見るということです。個別の木ではなく森全体を見て原理をわかろうとすることです。

それに対して実務家は、舞台上でアクションを行う男優・女優です。普通、会社で普遍的な原理を問う"Why?"の質問ばかりしていたら、「いい加減に仕事せんかい！」と怒られてしまうと思います。

私は人事部長だったときに、「ところで何故私たちはおよそ給与を払うのだろう？」とスタッフに問いかけて、「杉浦さん、それはとても大事な質問ですけど、仕事しましょ！　明日が給料日なんですから！」とたしなめられてしまったことがあります。

しかし、「大学」という場所では、敢えてそのような問いの立て方をするのです。実践や実務が必要とする「個別／How」の問いを、学問や理論がもたらす「普遍／Why」の問いがしっかりとサポートする——それが「大学」と「実務」の健康的な関係だと私は思っています。人材・組織の分野はこのような実践と学問の両面が端的に現れた分野です。だから面白いのです。

6-3.「全体」と「個人」と「それをつなぐもの」

私たちがライブ感のあるものを観察したり分析したりするとき、何に焦点を当てて見ているのかは人によって異なります。例えばスポーツの試合を観戦する場合、チーム全体の動きを注視している人もいますし、個々人のプレーを追っている人もいます。相手チームを含めたゲーム全体の盛り上がりを見ている人もいます。監督の采配ぶりに注目している人もいます。

「何を見ているのか」のことを、硬い言葉では「分析単位（unit of analysis）」といいます。この分野の第二の魅力は、様々な分析単位があることです。

第1章のストラテジーは、一般には組織の全体を分析単位としています。第2章のモチベーションは、基本的には個人が分析単位となります。第3章のリーダーシップは全体と個人をつなぐものです。

少し見方を変えて、分析単位を「関係」とすることもできます。

組織同士の関係には、例えばメーカーと販売会社、買い手と売り手、海外子会社と本社などの諸関係があります。ここに焦点を当てれば、組織と組織が「机の上で握手をしつつ机の下では蹴りあう」関係を見ることができます。企業同士の提携や M&A は戦国時代の歴史ドラマを見るかのようです。この場合の分析単位は「組織と組織の『関係』」で、これを「組織間関係」といい、ストラテジーの章で触れます。

個人同士の関係にスポットライトを当てれば、会社生活は錯綜する人間関係や力関係で満ち溢れていることがわかります。組織における人間ドラマを主題とする場合の分析単位は、「個人と個人の『関係』」です。モチベーションの章ではそのような面についても触れます。

「人材と組織の間の『関係』」に焦点を当てることもできます。「処遇（treatment）」をはじめとする人事制度は、人材と組織の関係に関わります。リーダーシップの章では、人と組織の関係が中心となります。

「人材・組織」は、「個人」「全体」「個人⇔全体の関係」をまるごとひっくるめた分野です。そのように整理すれば、この分野は非常に興味深いテーマの宝庫であることがわかっていただけると思います。

6-4. 人材管理・組織管理・人材開発・組織開発

この分野が面白いのは、「マネジメント（management）」と「ディベロップメント（development）」の2つの領域が背中合わせになっていることです。この両者が織りなすダイナミズムが魅力の源泉です。

まず「マネジメント」について。この言葉の定義のひとつに "Getting things done through and with people" というものがあります。人を通じて人と共に何とかやり遂げることです。自分ひとりで仕事をするこ

とは普通はマネジメントとは呼びません。人を使って自分ひとりでは到底できないスケールの仕事をすることがマネジメントです。しかしながら、「ひと」は「他人」でありかつ「人間」ですから容易には言うことを聞いてくれません。だからこそ、マネジメントが必要となるのです。

マネジメントは、(人を)管理し、(人を使って)運営することですが「(自らの手を使って)何とかする」というニュアンスもあります。同時に、マネジメントには「ちゃんとする」「きちんとする」「整理する」「整頓する」といった意味もあります。課題に対応し問題を解決すること。庭木の手入れに例えれば、必要に応じて間引いたり枝を剪定したりすることです。

マネジメントはどちらかといえば収束（convergence）です。特に世界の複雑性が増していくなかで、収拾がつかない状況にならないようにまとめあげていくことがマネジメントの本質のひとつです。

次に「ディベロップメント」について。この言葉には、代表的な訳がいくつもあります。少し考えただけでも、開発／発展／展開、あるいは発育／育成／成長など。多くの訳があるように見えますが、面白いことに「漢字しりとり」になっています。そのように「しりとり」の形で次々と枝が伸びていくこと自体が、ディベロップメントの本質であるといえるでしょう。ディベロップの反対の言葉はエンベロープ（envelop）で、封をするということ。ディベロップという言葉は、その個人なり組織なりがもともと持っていた本来あるよいところを見つけて、引き出して、開花させることにあります。そして、継続的かつ定常的な育成と変革のプロセス。庭木の例で言えば、肥料をやり、水をやり、伸ばし、花を咲かせていくことです。どちらかといえば発散（divergence）です。

この分野の魅力について語る出発点として「いきいき（live）」について述べました。生命はすべてが凍りついた静かな世界には生まれません。またあらゆるものが混沌としたカオスにも生まれません。それらの絶妙な際にある「カオスの淵（edge of chaos）」と呼ばれるところにだけ

生まれます。そこでは、収束と発散が微妙なバランスを取っています。

「収束と発散」「組織と人材」の2つのペアを掛けあわせると、4つの象限ができます。「組織のマネジメント（組織管理／OM）」「人材のマネジメント（人材管理／HRM）」「組織のディベロップメント（組織開発／OD）」「人材のディベロップメント（人材開発／HRD）」です。人材と組織の双方のレベルでマネジメント（収束）とディベロップメント（発散）の絶妙なバランスを取ること——それが、まさにいきいきの本質なのだと思います。

6-5. 人と組織とS・M・L

戦略（ストラテジー）はそれ自身重要な科目群を構成していますから、「人材・組織」特有の領域ではありません。しかし、ビジネスにおける人と組織を考えるには、ここから始めることが大切だと私は思っています。

まず、戦略を創り出し実行していくのは、人材と組織だからです。次に、人材の配置と組織作りは、本来的にきわめて戦略的だからです。そして、戦略・人材・組織はどんどん一体化が進んでいるからです。活き活きした組織はメリハリの利いた戦略から。それらに関する枠組みについては「ストラテジー（S）」の章で述べます。

モチベーションについては、人材を通しての生産性を向上するうえで最も大切な要素のひとつです。どんなに素晴らしい戦略があっても、メンバーすべてが意欲を失っていたのではせっかくの戦略も「絵に描いた餅」となってしまいます。戦略を推し進める人材のヤルキについての理論は「モチベーション（M）」の章で紹介します。

リーダーシップは、それらをつなぐものです。リーダーは戦略策定の主人公であり、人材のモチベーションを高めます。そのことについては、「リーダーシップ（L）」の章でまとめます。なお、L-1からL-6までとLのエッセイは、日本経営協会（NOMA）の通信教育教材『管理者のリーダーシップ』（2011年）の一部をもとにしています。

6-6. One for All, All for One

　組織は砂粒のような人の集まりではありません。組織を組織（organicなもの）にするのは「凝集性（cohesiveness）」です。ビジネスにおいて凝集性が高い状態とは、リーダーのもとでヤルキを持って「一丸(いちがん)」となって戦略を遂行していくことです。その究極の姿は、ラグビーの有名なスローガンで表現されています。

　"One for All, All for One（ひとりは皆のために、皆はひとりのために）"
　ものごとは放っておけばばらばらになるばかりで、自然にひとつにまとまっていくことはありません。熱力学の「エントロピー増大の法則」です。そのような原理に反してものごとが凝集し自己組織化していくのが生命現象です。「人材・組織」という分野が「ライフ」に関係するというのはその意味です。

　追及のしかたには「実践的・学問的」な2つの方法があります。そしてこの分野は「全体・個人・それらの関係」の3つの単位で分析でき、「組織運営・組織開発・人材管理・人材育成」の4分野を含みます。

　人々が集まった集団のなかで、分業と協業が始まり、文化が根づき、組織学習が始まります。それをもたらすのは、組織が示すストラテジーであり、個人が持つモチベーションであり、両者をつなぐリーダーシップです。人と組織にS・M・Lが宿れば、一体感が生まれ"One"と"All"がひとつのものとなります。

　このようなことを「面白い」と感じ「本質的に大切だ」と考えること——それが「『つまるところ人と組織だ』と思うあなた」が持つ直感の本質なのではないでしょうか。

7、8＆9：
数のイメージとかぞえ歌

　この「はじめに」の章がすでにかぞえ歌になっていることに気づいた方もいると思います。でも調子に乗ってあと7、8、9と続けていくと長々しい前口上になってしまいますから、最後に3つまとめて短く紹介して、「はじめのおわり」にしたいと思います。

　数字に意味を感じる人は少なくありません。特に古代ギリシャ人にはその傾向が特別に強かったようです。ピタゴラスは、すべての原理は数であると言ったそうです。古代ギリシャを起源とする「数秘術（numerology）」では、数字に意味を割りあてています。

　数秘術は現代において科学的とされるものではありませんし、ましてスピリチュアル風にもっともらしく解説する気はありません。しかし、「ラッキーセブン」とか「末広がりの八」のように、数字（number）にはそれぞれの文化で自然に共有されている意味があるのは確かです。少なくとも、数字を使って何かを語る際には、個々の数字特有のイメージが通奏低音のように流れているということは十分にありそうです。

　なかでも面白いと思ったのは7・8・9について諸説あるなかのひとつで「7は分析や科学、8は組織や事業、9は集成や整理を意味する」というものでした。

　確かに7にはどこか知性的な感じがあり、8には安定と発展の両方のイメージが同居し、9には当然ながら締めくくりの意味があります。

　この7・8・9の説明は組織や事業についての分析枠組みや科学的理論について集成して整理してみたいというこの本の主旨そのものです。ちょっと出来すぎかも知れません。

「数」を1から順に並べた「かぞえ歌」には長い歴史があります。もともとは宗教的儀式のためのものだったそうですが、次第に庶民や子供たちの間に広がっていきました。

この本では「ひとつとせ」「ふたつとせ」を項の見出しに使いました。江戸時代からあるもっとも代表的な数え方で、その後、漁師たちが太鼓にあわせて歌い踊るもの(「銚子大漁節」など)や世相を皮肉ったもの(「まるまるそのまま嘉増栄唄」)など無数の替え唄ができました。

「いち・に・さん」で数えるものもあります。戦前に手鞠やお手玉をしながら歌われた「一番初めは一の宮、二は日光の東照宮、三は佐倉の宗五郎・・・」や「一列談判破裂して 日露戦争始まった さっさと逃げるはロシアの兵 死んでも尽くすは日本の兵・・・」などは有名です。

アニメソングでは『いなかっぺ大将』の「大ちゃん数え唄」(歌は天童よしみ)や「ドラえもん数えうた」など数多くありますが、「・・・とせ」が古く聞こえるせいか「ひとつ・ふたつ」で数えるものが多いようです。

かぞえ歌が広まったのには、決定的な理由があると思います。それは、普通の歌より格段に歌詞を覚えやすいということです。だんだん増えていく数を手がかりにすれば、ひとは次のフレーズを容易に思い出すことができるからです。

それでは、「つまるところ人と組織だ」と思うあなたへのかぞえ歌を、「S-1」から順に始めたいと思います。

ストラテジーのかぞえ歌

S-1：ひとつとせ
１つの定義〜戦略的意思決定とは

なにごとも、最初の１歩は定義から。

「人材・組織」の授業では「ストラテジーって何だと思いますか？」という質問から始めて、自由にボードや紙に持論を書いてもらいます。

私はこれを「戦略のから騒ぎ」と呼んでいます。明石家さんまの「恋のから騒ぎ」をまねたものです。

から騒ぎをすると、多くの人は戦略を「目的」「方針」「方策」「長期」「大局」「組織」といった言葉を使って表現します。ストラテジーとは、「組織がビジョン・ミッションの実現を目的として、長期的・大局的視野に立って、環境変化に対応しながら、方針・方向・方策を示すこと」──そんな見方に収斂することが多いです。

「勝つために」という言葉をつけて説明する人もいます。確かに戦略には「戦」という文字が入っていますからそう考えるのも自然。勝ち負けがなければストラテジーは必要ありませんから、間違いではありません。

けれども、ストラテジーという英語のほうには「戦」を意味する言葉は含まれていません（これがキーワードについてはもとの英語を知っておいてほしいと思う理由です）。ストラテジー（strategy）という言葉は、英語ではもう少し広いニュアンスも帯びているようです。

この言葉の元となったのはギリシャ語の「ストラテゴ (strategos)」で、都市国家アテネの「総司令官」のことでした。最も有名なストラテゴは、世界史の教科書にも登場する古代アテネのペリクレス（Pericles, BC495-BC429）。ペリクレスのストラテジーは、海では強いけれども陸は弱いアテネが陸で戦わずにすむように、海岸に長い城壁を作ることでした。また、デロス同盟を結成して海軍を増強しました。しかし、それだけではありませんでした。役職者を平民の中からも抽選で選ぶ制度をつくりました。パルテノン神殿も完成させました。つまり、単に戦いで勝つだけでなく、組織・制度・文化といった基盤づくりも、総帥としてのストラテゴの仕事だったのです。大切なのは、すべての重要事項についてストラテゴは「意思決定」を行ったということです。

ストラテジーは意思決定の問題です。ストラテジーの授業ではケースを数多く使いますが、最初に「あなたなら、どうしますか？」から討議が始まります。トップが行う重要な仕事は戦略的な意思決定だからです。

そして、この「戦略的意思決定」には代表的な定義があります。

「限りある資源の最適配分（optimal allocation of limited resources）」──これは、とても示唆深い定義です。

まず「資源（resources）」にはどのようなものがあるでしょうか？「人的資源・物的資源・財務資源」です。これをわかりやすい言葉で言い換えると「ひと・もの・かね」となります。英語ではそれぞれ"m"で始めて、"man, material, money"と言います。

次に「限りある（limited）」という部分です。ちなみに、もし資源が無限にあればどうやって戦いに勝ちますか？

「どうやってもこうやってもないですよ！」

それが正解です。無限に資源を投入し続ければ、常に勝てるからです。頭を使う必要はないし、意思決定も必要ありません。逆に考えれば、ストラテジーが必要とされる理由は、資源が有限だからです。

次は「配分（allocation）」。「采配」と表現し直すこともできます。「こちらに55％であちらに45％」という微妙な匙加減もあるでしょうし、「こちらに100％であちらはゼロ」という思い切った集中もあります。

最後に「最適な（optimal）」という形容詞。「もっとも望ましい」という意味です。銭湯の温度などはよい例です。ある温度はある人には熱すぎ、ある人にはぬるすぎます。できるだけ多くの人が「ちょうど良い」と思えるのが「最適な湯加減」です。

「あちらが立てばこちらが立たず」の状態にあるものを「トレード・オフ（trade-off）の関係にある」と言い、制約条件になります。財布の中身も典型的な制約条件です。戦略を立てるにはまず目的を明確にすることが重要ですが、同時に制約条件を考慮しなければなりません。そしてトレードオフの関係にあるものの間で優先順位をつけて限りある資源の最適配分を行うのが戦略的意思決定です。

最適配分の原理は、経済学の教科書の最初に出てくる「無差別曲線」と「予算線」で説明することもできます。例えば採用活動を行う際に、何人の営業担当（S）と何人の技術者（E）を募集するか。予算の制約が10人とするとS + E = 10。これが予算線です。その10人がどんな活躍をしてくれるかが効用（utility）の曲線です。曲線と直線が接する点で予算に対して最も高い効用が得られます。下のイラストでは営業6人と技術4人で「限りある資源の最適配分」が達成されています。

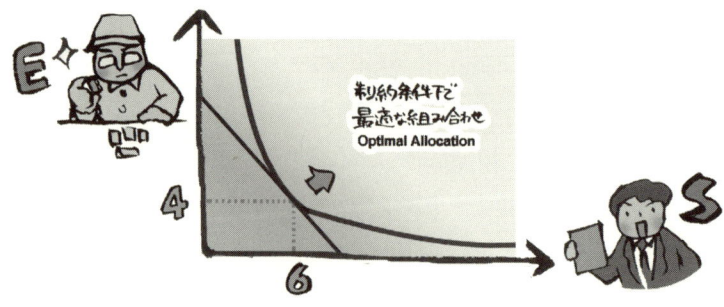

ストラテジーをどうして「人と組織」を主題とするこの本の最初に扱うのか？　その問いに対しては、いくつもの理由をあげることができます。

□　人材は人的資源。「限りある資源」の代表的なものです。人材の頭数(あたまかず)は決まっていますし、まして能力や意欲に優れる人材はとても希少な資源です。

□　日常的なレベルにおいても、誰もが意思決定を行っています。お金も時間もあるいは気持ちもすべて限りある資源です。「いかに上手く使うか」は「いかに上手く振り分けるか」と同義ですから、日常的なレベルでの「戦略的意思決定」といえます。ストラテジーは「みんな（＝人材）の問題」なのです。

□　規模の大小を問わず、意思決定を行うのはつまるところ人間です。人間は表面的には合理的な判断をするように見えますが、実際にはそんなことはありません。「お馬鹿さ加減」がドラマのもとであり、理屈だけでは割り切れない面白さのもとなのです。

□　「全社戦略」や「部門戦略」といった言葉を思い浮かべるとわかるようにストラテジーの主体は組織であるのが普通ですが、キャリアをどう形成していくかなど、個人としてのストラテジーもあります。いずれにせよ、戦略は「人材・組織」のためにあります。

□　大きな戦略的意思決定はリーダーに任せられます。ストラテジー（Sの章）はリーダーシップ（Lの章）と相互に深くかかわっています。

□　人事部の仕事は戦略的であることが求められます。ビジネス戦略と人的資源配分を整合させて、戦略を遂行できる組織をつくっていくのが使命だからです。

　そんなわけで、「人的資源マネジメント（HRM）」は戦略という言葉と自然に化学結合します。それが「戦略的人的資源マネジメント」です。たくさんの理由を並べましたが、言いたかったメッセージはたったひとつ。
「つまるところ、戦略は人と組織である」――それだけです。

S-2：ふたつとせ
2つのW（original）〜適材適所

「限りある資源の最適配分」としての戦略的意思決定はトレードオフの関係にあるものに優先順位（priority）をつけることです。戦略的意思決定とは「何をして何をしないか」を決定することです。「捨てるものを決めること」と言い換えることもできます。

例えば、セブン銀行は「融資を行わない」「（原則として）店舗を持たない」銀行。その代わりに24時間365日使えます。利益も順調に出しています。戦略は一義的には「何（what）」の問題です。

しかし、「何をするか・しないか」を決めるだけで組織が動くはずがありません。GE CEOだったジャック・ウェルチ（Jack Welch）は「戦略を考えることは適材適所を考えることと同じだ」と言いました。「誰が（who）その仕事をするのか」が、実は決定的に重要です。

適材適所とは、「何（what）」と「誰（who）」の「2つのW」を最適にマッチングさせること。そして適材適所には2つの見方があります。

1つ目は、「『何』が先で『誰』が後」という考え方です。

まず仕事やポジションがあってそこに人を配置していくという考え方です。全体が先で個人が後と言い換えることもできます。パフォーマンスを期待できる人材は稀少財ですから、キーとなる人材をどの仕事に割り振るかは重要なストラテジーです。そのようなストラテジーを実行するために、日ごろからポテンシャルの高い人材をリストアップしている企業も数多くあります。

2つ目は、「『誰』が先で『何』が後」という考え方です。

会社は期待する人材には、将来にわたってどんな仕事を経験させようかと考えます。個人が先で全体が後と言い換えることもできます。また、人材の側から見れば「私（who）」が「何（what）」をするかが大問題。キャリア・ディベロップメントもまた「2つのW」のマッチングだと

見ることができます。「私」という"who"がどんな"what"を経験していくか——その連続がキャリアになり、具体的には履歴書や業務経歴書の記載事項になっていきます。

　これらの2つ考え方はどちらが正しいというものではなくて同時に正しく、また2つのWはどちらがより重要ということではなく同程度に重要なのです。

　チェスター・バーナード（Chester Barnard）は組織論の古典である『経営者の役割（原題：The Functions of the Executive）』を著しました。バーナードにとって、いかに組織を「協働の体系（システム）」とするかが主題でした。すなわち、それまで組織側から捉えていた従前の組織観に対して個人側からも捉え、それらのバランスを重視する視点を示したのです。それが、2つのWであるともいえます。「経営者の役割」の大きな柱のひとつは「全体（what）」と「個人（who）」とをどう統合するかなのです。

　松任谷由実の「魔法のくすり」という曲（『流線型'80』所収）には、男は「最初の恋人」になりたがる一方、女は「最後の愛人」でいたいという有名なフレーズがあります。その後は「だから所詮おんなじ気持ちで求め合っていると思っちゃいけない」と歌っています。恋人同士でさえ思いの違いがあるのですから、まして組織と個人間で目的や思惑が異なるのは当然です。

　組織には組織の目的があり、またその優先度が高いと組織側は思っています。しかし、ある程度個人側の目的も叶えなければ win＝win の関係を築くことはできません。一方的な関係は長続きしないのです。組織側の目的と人材側の目的はある種のトレードオフの関係にあります。どちらかを優先すれば、どちらかを諦めなければなりません。組織のリーダーはトレードオフの関係にある双方によく「目配り」し、気持ちが通じるように「心配り」し、その間での最適解がもたらされるように戦略的な「采配」を行う必要があるのです。

スケールの大きなことだけがストラテジーかというと、必ずしもそうではありません。個人がどのように空間や資金を使うかといった一見小さな判断も、その人にとっては戦略的意思決定といえます（S-1参照）。

時間の割り当ても、限りある資源の配分です。例えばある人がある作業に1日に4時間を費やしたとします。1日8時間働くとすれば、0.5人分です。時間の割り振りは、結局人の割り振りに還元することができるのです。

割り振りはごく短い時間についても起きます。例えば「餃子の王将」のエリアマネジャーは「スピード感の中でしか人は育たない」と語っています。時間が極端に限られている状況で結果を出さなければならないのが現場。確かに「餃子の王将」で調理場を観察していると、調理人は優先度と時間の割り振りを瞬時に考えているように見えます。

しかし、実際の現場で「この作業に自分の限られた資源である時間をどう配分しようか」などと考えているわけではありません（そんなことをしていたら餃子を出すのが遅くなってお客さんに叱られてしまいます）。ミクロの時間配分は、身のこなしです。身についた動作ができればいちいち意思決定を行わなくて済みます。それが運営（operation）です。オペレーションは、主として「どのように（how）」の問題だということができますが、誰でも最も合理的な身のこなしができるように作業を設計していくこともまたある種の戦略ともいえるのです。

この項の最後に「2つのW」にからめて少しだけ個人的な話をします。

私は1990年にMBAを取得した後、いわゆる戦略コンサルティングの会社に入りました。ビジネススクールにおいてはストラテジーは授業としては「王者」であり、戦略コンサルティング会社は就職先として「王道」だと信じられていたからです。その後私は人事コンサルティング会社を経て人事の現場に入っていったのですが、周囲から「なぜ？」と聞かれることがしばしばありました。

それに対する私の答えが「私にとっては、ストラテジー（what）と

人事（who）は全く同程度に重要だと思えるから」というものでした。つまり「2つのW」だったのです。

当時は珍しい身の振り方だったのですが、最近ではあり得る選択肢として受け入れられるようになってきました。例えば、全社ストラテジーとしてグローバル展開を掲げた企業がグローバル人材の採用や育成を抜きにしてそれを達成できるはずがありません。

個人の側から見れば、キャリア選択とは自分（who）を何（what）に賭けるかを意思決定することです。この見方を採用すれば、個人的な投資戦略（investment strategy）が必要になります。

株式投資においては、本来あるべき株価より安値で放置されている銘柄を探して買うスタイルを「バリュー投資」といいます。本来の重要性において「2つのW」は等しいはずとの見立てをしていた私は、20年以上前に「キャリアにおけるバリュー投資」をしたことになるといえなくもありません。当時はストラテジーの分野から人事の分野に進んだ人は少なかったので、結果的に「キャリアにおける差別化戦略」ともなりました。

でも、そのどちらも後講釈に過ぎません。本当は「つまるところ仕事は人と組織だ」という直感に素直に従っただけなのです。

S-3：みっつとせ
３つのＣと３つの角（ハックスとワイルドⅡ）

３つのＣ

　ストラテジーに関する枠組みはたくさんありますが、中でも私が過去にもっとも使ったのは「３つのＣ」でした。「自社（company）」「顧客（customer）」「競合（competitor）」です。

　このフレームワークは、単純なだけに力強さがあります。文字通り「真っ白い紙」の上にストラテジーを描くチャンスがきたら、まず大きくＣを３つ書くことをお薦めします。そして「自社の強みと弱み」について分析し、何を選び何を選ばないかを意思決定すると同時に「誰が顧客か」「誰と競合するのか」についての分析と意思決定を行います。

　３つのＣのフレームワークが有効なのは大きな絵を描くときだけではありません。部門の青写真を描いたり、営業活動を行ったり、新規事業を策定したりする場面でも私は使ってきました。「私は何者か～強みと弱みは何か」を考えると同時に「誰と交渉しているのか」「誰と競合しているのか」を判断し、それに基づいて打ち手を決めていきます。

　３つのＣは、より具体的な戦略の前提となります。真っ白な紙を前に「まずどこから手をつけようか」と思案する前に、まず紙にＣを大きく３つ書く。そこからすべてが始まります。

3つのなかでも、意外と難しいのが"company"です。「私は何者か？（Who am I?）」という深遠な問いにかかわるからです。

　「私はなにか」を考えるときには、「ドメイン（domain）」が大切です。ドメインは「範囲」を決めることです。もともとは領土・分野・範囲の意味ですが、経営の場面ではビジネス領域。「自分がここで戦うと決めた場所」のことです。（dom-は「自分の場所」を意味します。）

　ドメインを決めることは「ここでは戦う・ここでは戦わない」ことを意思決定することです。あるいは「ここまでは自社で行う／ここからは他社に任せる」と線を引くことです。重要なストラテジーです。

　ドメインは単に「こうです」という現状だけではなく「こうありたい」という理想を含むものです。戦う場所を決めれば、おのずと「競合」も決まりますし、どのような「顧客」に対して価値提供を行うかも決まります。

　どこで戦うかを決めて初めて、どこに経営資源を集中的に投下し、どのように戦うかを決めることができます。つまりドメインの設定は、ストラテジーの原点ともいえます。ドメインが明確であればこそ、将来へ向けての展開の方向性を明示できるのです。

　ドメインは、広すぎて曖昧であれば意味がありませんし、さりとて設定が狭すぎれば戦略的自由度を奪ってしまうことになります。現在の領域を記述するのでは自己肯定になってしまいますから、今後どう展開したいのかについての方向を示す適度な広がりも必要です。未来を含むといっても単なる理想や夢ではありません。現実を踏まえながら「あることができる・ありたい・あるべき」の３つが満たされるように描くことが必要です。ですから、ドメインは後で述べる「８つのアンカー」にかかわるのです（S-8参照）。

　「３つのC」は必ずしもMECE（漏れなくダブリなく）ではありません。「ほかに大切なCもある」と言う人もいるでしょう。しかしながら、スピードを要求されるビジネスでは「大切な３つで全体の８割が説明できるならばあとは忘れる」という割り切りもまた戦略的判断なのです。

ちなみに、「3つのC」は個人がキャリア戦略を立てるときにも活用できます。例えば就職の面接を受ける時にはまず「私は何者か」を徹底的に考え、どこなら戦いどこなら戦わないかを決めるはずです。次に面接を受ける会社について（情報があれば部署について）できるだけ調べながら、自分はどのようなタイプの人と競合しているのかを想像するのではないでしょうか。そして目の前にある機会に対して、まずトライするかどうかを決め、トライするならば自分のどのような点を強調するかを考えると思います。自分のドメインを設定したうえで、限られた時間のなかで何を強調し何を強調しないかを決めることは、企業や部署がストラテジーを策定していくプロセスと何も変わらないと思います。

3つの角

　「3」に関連する新しい考え方として、「デルタ・モデル」を紹介します。企業戦略、事業戦略を構築に関する、アーノルド・ハックス（Arnoldo Hax）とディーン・ワイルド2世（Dean Wilde II）が発案したモデルで、三角形を書いて表現します。

　右のコーナーには「ベスト・プロダクト（best product）」があります。「よい商品」あるいは「安い商品」のいずれかという問題はあるにせよ、最良の製品を提供することに基づく競争が行われています。

（生態系の経済性にもとづく競争）
システム・ロックイン戦略

（顧客の経済性にもとづく競争）
トータル・カスタマー・ソリューション戦略

（商品の経済性にもとづく競争）
ベスト・プロダクト戦略

左の角には「トータル・カスタマー・ソリューション（total customer solution）」があります。顧客に対してよい経験を提供し、顧客の利便性を高め、顧客の活動がもっと効率的なものになるようにして価値を提供し、自分のポジションを確かなものにします。

　上の角には「システム・ロックイン（system lock-in）」があります。ロックインは鍵をかけてしまうこと。企業と顧客との関係が固定的になり容易に乗り換えることが出来なくなる状態を指します。プリンターを安く買ったつもりでも、インクを同じメーカーから買わなければならないことは、わかりやすいロックインの例です。

　システム・ロックインには、いくつかの方法があります。1つめは、補完的な事業者と「ビジネスの生態系」ともいえる強固な「自分たちの世界」を作り、顧客を囲い込んでいく方法です。例えばマイクロソフトとインテルの「ウィンテル連合」はそのような戦略でした。2つ目は売り手と買い手をつなぐ仲介者の立場をとって上手に囲い込んでいるという方法です。3つ目はチャネルやマーケットにおいて早くから圧倒的な存在となることで、競争者が入って来ないようにしていくことです。システム・ロックインを行うことができると、最も利益率の高い戦略的ポジションをとることができます（S-インタビュー参照）。

　このモデルから企業と人材の関係を考えることも、あながち不可能ではありません。右の角にいるのは「デキる人材」です。人材自体で価値を持つことです。もっとも、「安い人材」もここに位置するのですが。左の角にあるのは「役立つ人材」です。それに対して上の角にあるのは「なくてはならない人材」。能力があり役に立つだけでは組織に対して弱い立場になって「使われてしまう人材」となる危険があります。組織に対抗できる「強い個人」となるためには、システム・ロックインの観点から発想してみることもひとつの方法だと思います。

S-4：よっつとせ
4つの象限（BCG／フェレンス）

　MBAには4つの象限を使った分析の枠組みが数多くあります。

　それも当然です。2つの軸を組み合わせると2×2で4つのカテゴリーができるからです。1つの軸による2項目の対比では単純すぎ、だからといって3つの軸を組み合わせて2×2×2の8つのカテゴリーに分類すると複雑すぎて実務に応用しにくくなります。

　分析とは分けて明晰にすることですが、4つに分けるのは単純すぎず複雑すぎず使い勝手がちょうど良いのです。2軸の組み合わせであれば「MECE（漏れなくダブりなく）」ですから、ロジカルです。

　そのような「2×2もの」のなかでストラテジーの枠組みとして最も頻繁に紹介されるのが、プロダクト・ポートフォリオ・マトリックス（product portfolio matrix：PPM）です。

　PPMはボストン コンサルティング グループ（BCG）によって考案されました。典型的には将来の商品開発・ビジネス開発をにらみつつ、現在の商品・ビジネスのポートフォリオを分析するための方法です。教科書には載っているけれども今ではそれほど使われていないと言う人もいますが、優れた枠組みであることは間違いありません。このマトリックスを「人材・組織」の観点から眺め直してみたいと思います。

　PPMで横軸に取るのは「相対的市場シェア」で、左に行くほどシェアが高く、右に行くほどシェアが低くなっています（少し不自然に思う人もいると思いますが、慣習的なものだと聞いています）。

　縦軸は「市場成長率」です。「成長率」が高いか低いかは、「市場の混乱の度合い」が高いか低いかとほぼ同義です。

　それら2軸を組み合わせることによって、右のページに示す4つのカテゴリーに分類することができます。

(1) クエスチョン・マーク (question mark)：成長率高・シェア低

「これからどうなるかわからない」という意味です。新しい製品は通常市場の成長率が高い分野に投入されますが、最初はシェアが少ないのでここからスタートするのが普通です。

(2) スター (star)：成長率高・シェア高

伸びている市場で勝っているわけですから、期待の星です。全社でも注目を集めていることでしょう。クエスチョン・マークをスターにするためには、潤沢な資金が必要となります。競争が激しいからです。

(3) キャッシュ・カウ (cash cow)：成長率低・シェア高

「金のなる木」とも訳されます。スターの位置にあったビジネスや製品は市場が成熟してくると、次第に左下のほうに移ります。既に成熟した市場でマーケット・シェアが高い「勝ち組」です。市場の覇者ですからシェアは比較的固定しており、利益率が高いことが多く、投資を絞れば高い利益を得ることができるはずです。

(4) 負け犬 (underdog)：成長率低・シェア低

マーケット・シェアが取れないうちに市場の成長率が鈍化すると、いかに努力しても利益の出ない「負け組」となります。傷が広がらないうちに粛々と退場することがストラテジーになります。

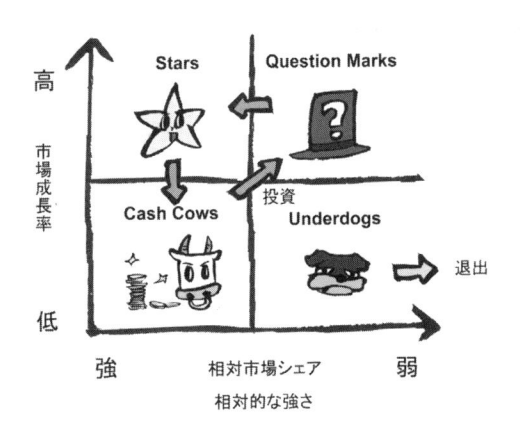

PPM は単に現在の商品やビジネスを4つの象限にプロットするためのフレームワークではありません。時の推移とともに変化するダイナミックな戦略を考えるためのです。

　どんな商品でもサービスでも、最初は新しもの好きの人が飛びつき、次いで影響力のあるオピニオン・リーダーが続き、流行りに乗る人たちが加わっていきます。その結果、販売額を累積すると「S 字カーブ」を描くことになります。

　S 字カーブが立ち上がって爆発しだすころは「市場成長率大」です。「戦国時代」ですから、マーケットシェアはいくらでも変わり得ます。しかし、市場が成熟するにつれて伸張度は鈍化し、遅れて流行に乗る人たちが参加する頃には市場は「頭うち」となります。成熟市場では、市場のマーケットシェアは固定して、シェアを1ポイント上げることも容易ではありません。

　多くの製品は成長率が高い市場（前ページの図の上）に投入されます。投入された当初のマーケットシェアは当然低いので、新製品は右上に位置づけられます。今後どうなるかよくわからないクエスチョン・マークです。

　まだ高い伸びがある市場でマーケットシェアを取れるようになると、図の左上に移ります。伸びがあってシェアもあるからスターです。

　しかし、いずれ市場成長率は落ちてきますから首尾よくマーケットシェアを維持できたとしてもいずれは下のほうに移っていきます。左下は、飽和している市場でシェアの大きい状態です。初期投資も回収されていますから、儲けが出るようになります。キャッシュ・カウです。

　努力が実り運にもめぐまれてめでたくキャッシュ・カウの製品ができた場合、稼いだキャッシュはどこに使うべきでしょうか？　スターになる可能性のあるクエスチョン・マークです。うまくことが運ぶと、クエスチョン・マークをスターに育てることができるからです。そのスターが時を経て次世代のキャッシュ・カウになります。そのキャッシュは、

次々世代のクエスチョン・マークに投入されていきます。

企業が世代を超えて成長を続けていくためには、キャッシュ・カウが稼いだお金をクエスチョン・マークに投資して次世代のスター候補を育てる好循環をつくる必要があります。「次」のスターはいずれ市場の成熟と共にキャッシュ・カウになり、そこから生まれたキャッシュは「次の次」のスターをつくるためにつぎ込まれます。

投資のサイクルをいかに回していくかがPPMの要諦であると私は思っています。このモデルは、「商品開発」や「事業開発」など「開発」という名のつく業務で枠組として用いられます。

このモデルを「人材開発（育成）」に使うことはできるのでしょうか？——もちろんです。

スターを作り出しては世代につないでいくのは、フォーリーブス→光GENJI→SMAP→TOKIO→嵐→Kis-My-Ft2（キスマイフットツー）と、世代を超えてスターとキャッシュ・カウを輩出してきたジャニーズ事務所の歴史を振り返ってみると、わかりやすいと思います。

企業における人材のマネジメントとディベロップメントも同様です。縦軸にポテンシャル（成長率）、横軸にパフォーマンス（業績）をとれば「人的資源のマップ」をつくることができるはずです。

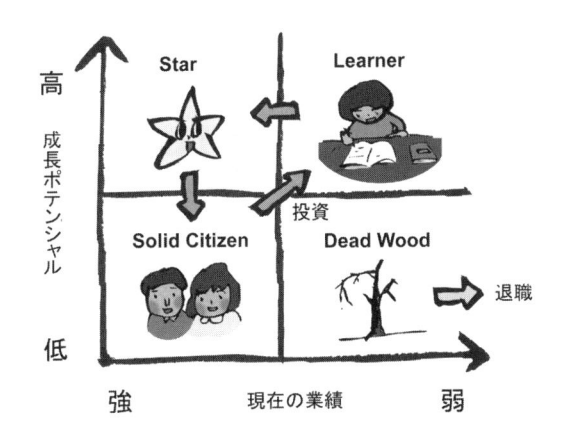

組織は「成長率高・業績高」「成長率高・業績低」「成長率低・業績高」「成長率低・業績低」の４つのカテゴリーに属する人材で構成されています。実際にそのような人材マップを持っている企業は存在し、私もマップ作りに参加した経験があります。

　アメリカの学者トーマス・フェレンス（Thomas Ference）は共同研究者とともに、個人のキャリアを成長→安定→衰退の「ライフ・サイクル」であるととらえ、「将来の昇進可能性」と「現在の業績」の２軸からなる人材のマップを作成しました。フェレンスのもとのモデルの縦軸を横軸に入れ替え、横軸の高・低を逆転してみると、前のページの図のようになります。

　どこかで見たことのある図を思い起こさせませんか？　PPMにそっくりです。

　PPMで「クエスチョン・マーク」に相当する人材はフェレンスのモデルでは「ラーナー（学習者）」と呼ばれます。例えば若手です。今は業績がまだ上がっていないけれども今後の伸びを期待できる人材です。昇進の可能性が高いということは、裏を返せば社内での評価も固定していないということであり、今後変わり得ることを示しています。部門間異動したばかりの人も初日から業績を挙げることはできませんから、この象限に入ります。

　PPMで「スター」に相当する人材は、フェレンスのモデルにおいても「スター」と呼ばれています。ポテンシャルもパフォーマンスも高い人材は会社の宝。伸びが期待できるので教育投資のし甲斐もあります。しかし、輝くスター人材といえどもよほどの例外を除けばいつまでもその地位に留まり続けることはできません。いずれどこかで次世代のために稼ぐ立場にならざるを得ません。そのことを、フェレンスは避けることのできないキャリア・プラトーだといっています。

　PPMで「キャッシュ・カウ」に相当する人材は、フェレンスのモデルでは「ソリッド・シチズン（まともな市民）」とも呼ばれます。

私はかつて外資系の銀行で「リーダーシップ・デベロップメント・マネジャー」の仕事をしていました。その銀行では、この箱に入っている人材のことを「シーズンド・プロ」と呼んでいました。円熟したプロフェッショナルという意味です。将来性があるとは言えないけれども、きちんとした仕事をしてくれる人たちです。会社の屋台骨は実際にはそのような人材によって支えられているのです。

　PPMで「負け犬」の箱に入る人材は、フェレンスのモデルでは「デッドウッド（枯れ木）」と呼ばれます。

　考えてもみれば、家庭における人材育成（つまり子育て）のモデルもPPMです。クエスチョン・マーク第1世代は幼い子供です。将来性のある子だとみなされて「親戚の誉」になると、スター第1世代となります。そのうち稼ぎの多い大人つまりキャッシュ・カウ第1世代になりますが、その稼ぎは、次の世代の幼い子供（クエスチョン・マーク第2世代）が次の家族の期待の星（スター第2世代）になるように投資します。この投資の循環が、家族が世代を超えて繁栄するための「家族戦略」なのです。

　このようにして人材育成の側からPPMを見ると、却ってこのフレームワークが持つダイナミックさがわかると思いませんか？

同じ人でも仕事次第で星になったり牛になったり。

S-5：いつつとせ
５つのチカラ（ポーター）

「ファイブフォース（five forces）」と呼ばれる分析の枠組みを示したのは、マイケル・ポーター（Michael Porter）です。

フォースはチカラ。世の中には儲かる業界と儲からない業界があるのが現実ですが、ポーターはその違いはさまざまな種類のチカラが作用しているからだと考えました。競争が激しいと値下げをしたり新製品を投入して対抗しなければなりませんから、収益はあがりにくくなります。ポーターがファイブフォースの枠組を示したのは『競争の戦略』でした。その本の中で業界には以下の５つの力が働いていると説明されています。

①競合する企業間の敵対関係（rivalry）
②新規参入（new entrants）の脅威
③代替製品（substitutes）の脅威
④売り手（suppliers）の交渉力
⑤買い手（buyers）の交渉力

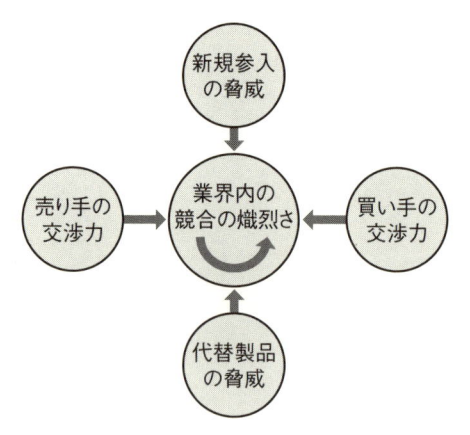

注：ファイブフォースについては、ポーター自身による解説を動画で見ることができます。
http://hbr.org/2008/01/the-five-competitive-forces-that-shape-strategy/ar/1

これらの5つのチカラのありようが、特定の業界における競争関係がどのようなものであるかを決定づける構造的な特徴をあらわしています。同時に、その業界の魅力度もあらわしています。

(1) 業界内の企業間の敵対関係の熾烈さ

自動車においてはトヨタ対ホンダ対日産、日用品においては花王対ライオン、家電においてはソニー対パナソニックなど、どのような業界においても企業は相互に競い合っています。

一般には競合する企業が多いと、価格競争が生じ、収益性は低くなりがちです。また、成長が止まってこれ以上大きくならないパイを巡って戦っているような業界においても、収益性を犠牲せざるを得なくなります。また、撤退しようとしても障壁が高くて容易にできない場合にも競争の熾烈さは増します。

複数の商品ジャンルを持つ企業は、異なる業界での異なる競争にさらされています。例えば花王は洗剤ではライオンなどと競合していますが化粧品では資生堂などと競合しています。また複合的な機能を持つ商品も多くなったことから、最近では業界の垣根は随分低くなりました。

ひとつ気をつけてほしいのは、「敵対関係」のもとの英語はライバルリー（rivalry）であることです。「ライバル関係」つまり「競いあう間柄」です。

競うとは、同じ目標に向かって共に並んで走ることです。必ずしも殲滅すべき敵を意味するわけではありません。むしろ「ご同業」として相互に尊重しあうこともしばしばあります。そして、競争の熾烈さを通して、企業も個人も鍛えられ、成長していきます。

昨日まで敵であったはずの企業同士がM&Aを行って1つの会社になることもしばしばあります。「三井住友」や「三越伊勢丹」といった企業名を見ると、ほとんどSFの世界のようにも思えてしまいます。

(2) 新規参入の脅威

「業界」には、突然新参者があらわれることがあります。英語ではニュー・エントラント（new entrants）といいます。有力な企業が新規参入すると、安定していた業界の構造が崩壊して従来とは異なる種類の競争が始まります。

例えば、もともと電電公社（いまの NTT）が独占していた業界に新電電（現在の KDDI）が加わり、さらにソフトバンクが加わって、通信業界は様変わりしました。

外食のように参入障壁が低い業界では、次々と新規参入があります。個人営業が中心だった喫茶店の世界には、ドトールなどのチェーン店やスターバックスなどブランド力のある外資が参入し、マクドナルドもマックカフェを始めました。今ではコンビニもライバルです。

新規参入の脅威の強さを決めるのは「参入障壁（エントリー・バリア：entry barrier）」です。バリアが高いと業界は安定しますが、バリアが低いと競争は激しくなります。もとの電電公社を守っていたのは、通信を巡る政府による規制でした。例えば化学など巨額の資本を必要とする業界や「規模の経済（economy of scale）」が強く働く業界では、新規に参入する企業が戦いを挑むのは難しくなります。

それに対して IT 業界は全く異なる業界の構造を持っています。確立されたブランドが強い場合も、新規参入は難しくなります。新しく会社ができるだけでなく、他の国から入ってくる場合もあります。業界内で激しく争っていたはずのライバル同士が、新規参入を阻止するために手を結ぶこともあります。

ビジネスにおける戦略の話は戦略論の専門書に譲るとして、人材マネジメントでは新規参入はどのような意味を持っているのでしょうか？

例えば、グローバル化が進んだことで、海外の人材が日本の企業で働くようになってきました。労働市場において人材の新規参入があるわけです。人材同士の競争はますます厳しくなっていくと思います。

(3) 代替製品の脅威

　代替製品は英語ではサブスティテュート（substitute）といいます。代用品と訳すと「我慢している」感じがありますが、「より利便性の高いものに丸ごと置き換わる」イメージです。今ある製品やサービス以外のものが既存のものと同等以上の価値を提供して顧客のニーズにこたえ、置き替わってしまうのです。ある商品群がまるごと置き換えられて市場の光景がさま変わりしてしまうこともあります。

　固定電話は携帯電話に置き替わりました。レコードはCDに代替され、CDは音楽配信に代替されつつあります。フィルムを使うカメラはデジタルカメラに取って替わられ、コンパクト・デジタルカメラに関しては携帯電話のカメラ機能による代替が進んでいます。

　人材・組織の分野では何が代替品の事例になるでしょうか？　よく考えてみると、労働力の一部が機械に置き換わってきたことは、サブスティテュートの事例と考えることもできそうです。

(4) 買い手（バイヤー）の交渉力

　「お客様は神様です」と考えている人にとって「顧客と戦う」という概念は新鮮かも知れません。

　しかしよく考えてみると「仕切り値」を巡って、売る側と買う側は戦っています。仕切値があがれば売り手の勝ちで、下がれば買い手の勝ち。

　大阪のおばちゃんが「もっと勉強してや！」と言うときには、買い手側から売り手側への仁義なき戦いが仕掛けられているのです。

　法人取引の場合、買い手側にはプロのバイヤーがいます。買い取り価格はそのまま利益に直結しますから、同程度の品質のものであれば低価格で買おうとします。価格・品質・購入量・情報量などが交渉力の源泉となります。また、買い手と売り手の数も問題です。買い手の数が少なくて売り手が群がっている状況においては、買い手が有利になります。買い手同士がM&Aを行うひとつの理由はここにあります。

(5) 売り手（サプライヤー）の交渉力

　企業が自社製品の買い手と戦っているのであれば、逆に仕入れの際には売り手（サプライヤー）とも戦っていることになります。ポーターは、売り手の交渉力が上がる要因として次の6点を挙げています。

① 売り手の業界が、少数企業によって牛耳られている
② 売り手の製品には、別の代替製品がない
③ 売り手にとって、買い手の業界は重要な顧客ではない
④ 売り手の製品が、買い手の事業にとって重要な仕入品である
⑤ 売り手の製品が特殊で、他に変更すると買い手のコストが増す
⑥ 売り手が、今後確実に川下統合に乗り出すという姿勢を示す

　私がかつて所属していた自動車業界においては、サプライヤー（主として部品メーカー）はかつて一次下請け、二次下請けと呼ばれ、縦の階層構造に組み込まれていました。ひとつの会社に販売先を絞ると、売り上げは安定し、長年の信頼をベースに共同で開発をしたりすることもあります。このような関係が、協力会などの「系列」をつくりあげました。系列がしっかりしていると部品会社同士で無駄な競争をしなくて済みます。そのため、価格は高めになりがちです。カルロス・ゴーンが日産自動車の経営のてこ入れをする際に最初に系列の解体を行ったのはそれが一因でした。

　2000年代の前半には、サプライヤーの「脱系列化」の動きが進みました。協力会を自ら廃止したり縮小したりする自動車会社もあらわれ、部品を調達する先は増加しました。これが調達先の「オープン化」です。サプライヤーからみると、納入する先が増加しました。

　2000年代にサプライヤー同士のM&Aが数多く起こった背景には、強い「買い手の交渉力」を持つ自動車メーカーに対して、いかに「売り手の交渉力」を強めていくかという目論見があったのです。

　この事例でわかるように、買い手と売り手の交渉力は「なぜM&Aが起きるか」を考えるヒントとなります。

買い手に対する売り手の交渉力は状況によって弱くも強くもなります。典型的には、組み立てメーカー（買い手）に対する素材メーカー（売り手）は、生産過剰があれば交渉力ダウン、生産調整を行えば交渉力アップとなります。そのことが、組織と組織の関係に大きな影響を及ぼします。

　素材や部品や機械などの「買い手」である組織も、自社の顧客に対しては「売り手」となります。つまり企業組織は、「買い手」としても「売り手としても有利なポジションを取ることができるように、日々競争をしているのです。

　買い手の交渉力と売り手の交渉力について人材マネジメントの観点から考えることも可能です。典型的には、給与や賞与の交渉があります。

　不況時には労働力の買い手である企業の方が強いので、従業員に対する労働力の仕切り値（つまり給料）を抑えることが可能です。それが「買い手市場」です。景気が良くなって、従業員が他の企業に移る選択肢が増えると、売り手の交渉力は高まります。売り手が足並みをそろえて交渉すれば強くなります。それが労働組合の存在理由です。

　また、従業員が労働市場では容易に供給されていない特殊な能力を身につければ、交渉力は高まります。私たちが勉強して「武装」することの意味はそこにもあるのではないでしょうか。

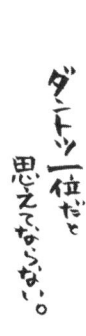

S-6：むっつとせ
6種の問い～ソクラテス式質問法

「問い」を投げかけることは難しいです。特に、質問することが板についていない日本人には。講演や会議の後で「ご質問は？」と聞かれても静まり返っていることがよくあります。この静けさの原因を考えると、次の3つの勘違いがあるのではないでしょうか。

☐ 勘違いその1：「質問」とは「問い詰める」ことである。

日本語では「問い質す」と書きます。そのために問い詰めるニュアンスを感じてしまっているのではないのでしょうか。

でも、例えば「お変わりありませんか？」と相手の様子を問うのは、追求しているのではなく、気遣う気持ちから。クエスチョンは本来思いやりでもあるはずです。

☐ 勘違いその2：「質問」は「わからないことを聞く」ことである。

質問をするのはわからないことに対して行うことであり、わからないことは恥ずかしいことだったり、相手に失礼なことだったりするとの思い込みもありそうです。

でも、大人が子供に質問をすることもあります。よりわかっているほうが問いを発することはあるのです。営業であれ社内コミュニケーションであれ、あるいは家庭生活においても、会話は適切な問いによって成立します。問いと答えを相互に繰り返すことが会話（＝話を継いでいくこと）であり、野球でいえばキャッチボール、テニスでいえばラリーです。球を返さなければプレイは続きません。問いは特別なことではなく、常に行う基本動作です。

☐ 勘違いその3：「質問」に対しては「正解」を答える必要がある。

質問を受けるとある種のプレッシャーを感じる人もいるのでしょう。クイズやテストからの連想かもしれません。

しかし、すべての問いに答えが用意されているはずがありません。問われたほうは正解を答える必要はなく、むしろ問われた内容をヒントにして問いを発した人と一緒に考えていけばよいのです。

クエスチョンとは本来「ともにクエストする（＝追い求める）」こと。全体の話の流れを整理して相手が答えにたどり着くのを助けることです。「問い」には、次のような効果があります。

　１：共通の関心事についてコンセンサスに近づくことができます。
　２：問いを発する側は相手のことがよりよくわかります。
　３：問いを受ける側は自分についての気づきを得ることができます。

ですから、何かについて問われた多くの場合に有効な最初の答えは「ありがとうございます」です。

そうは言っても、具体的にどのような質問をしたらよいかがわからなければ効果的な問いを発することはできません。そのために助けになると思える技法のひとつに「ソクラテス的質問法」があります。

ソクラテスは、ご存知の通り紀元前469年頃から紀元前399年の古代ギリシアの哲学者。ソクラテスがとったといわれる方法は相手の答えを引きだす「産婆法」です。自分で子供を産む（＝答えにたどりつく）ことを問いによって助けるという意味です。

「問い」は追従する「下から目線」ではだめですし、さりとて追求する「上から目線」だと思われてしまったら相手の心が閉じてしまいます。同じ質問では会話にメリハリがなくなります。

クエスチョンは光を当てることです。ソクラテス的質問法では、「事実（facts）」について確認し、「意見（opinions）」を聞き、「予測（consequences）」を訊ね、「理由（reasons）」を尋ね、「前提（assumptions）」を疑い、「問いそのもの（question itself）」を問い返します。このようにまったく異なる６つの方向から光を当てることで、ものごとをよりはっきりと見ることができます。

クエスチョンが一番使われるのは部下のマネジメントの場面です。
- ☐ こう思っているんだね。こういうことだよね（事実）
- ☐ どうしてだと思う？（理由）
- ☐ どうなるとと思う？（予測）
- ☐ どうしたらいいと思う？（意見）
- ☐ そもそも〜ってことない？（前提）
- ☐ 僕の聞き方でいいかなぁ（問いそのもの）

論文を書くのも、この6種の質問に答えていく作業です。
- ☐ そもそも何を問うているのか？（問いそのもの）
- ☐ その論文を書くに至った背景は？（前提）
- ☐ 調べた結果は？ 分析の結果は？（事実）
- ☐ なぜそのような結果になったのか？（理由）
- ☐ その結論が正しければ何が起きるのか？（予測）
- ☐ どうすべきだと考えるか？（意見）

　なぜこの「ソクラテス的問い」をこの「ストラテジーのかぞえ歌」に入れたかというと、効果的な質問を行うことによって結果としてより高いレベルで交渉などに勝てるからです。つまり（ソクラテスがそれを意図したかどうかは別として）戦略の実践に使えるからです。

　「試合（喧嘩）に勝って勝負に負ける」というフレーズがあります。あるいは「負けるが勝ち」ともいいます。相手を言葉で言い負かせてその場で勝ったつもりになっても、結果がよくなければ負けと同じです。

　ネゴシエーションにおいても然り。表面的に勝った気になるよりも、実質的に相手自身から解決策や譲歩を引き出すことの方が大切です。肉を切らせて骨を断つ。譲れないことは何かプライオリティーを決めて譲ってよいことについては負けておくことも戦略です（S-1参照）。

戦略を立てるときには、次のように自らに問うと良いでしょう。

- [ ] 何を問いたいのか？（問いそのもの）
- [ ] 現状はどうなっているか？（事実）
- [ ] なにが原因でそれが起きているのか（理由）
- [ ] 今後何が起きると考えるか（予測）
- [ ] そう考える前提はなにか（前提）
- [ ] どうすべきと考えるか・打ち手は何か（意見）

　喧嘩や口論を仕掛けられた時に喧嘩や口論で応じるのは戦略的には賢い方法ではありません。相手の力を利用して「うっちゃり」をかますほうがよほど効果的なことも多いです。

　相手の気づきを促すのは、うっちゃりに似ています。相手がどのような気持ちで言っているのかを聞いて、相手自身に何が譲れて何が譲れないのか気づいてもらうようにするのです。感情のもつれがほどけてかつ自分で優先順位に気づけば、多少の譲歩もしてくれるでしょう。

　「6つの問い」は意味のないぶつかりあいを避けて共に解決法を探る態度ともいえます。喧嘩や口論は一見ロジックの応酬のように見えますが、実は感情のぶつかりあいです。質問を行うことによって、感情から「事実と論理」の土俵に移ることができます。問う技法を身につけることは戦略を実行するために効果的なのです。

S-7：ななつとせ
7つのS（マッキンゼー）

「7つのS」は、1980年にマッキンゼー・アンド・カンパニー（McKinsey & Company）にいたトム・ピータース（Tom Peters）とロバート・ウォーターマン（Robert Waterman）によって提唱されました。分析枠組みのなかでは最もよく知られた定番中の定番です。

「7つのS」は"S"で始まる企業戦略における7つの重要なエレメントの相互関係をあらわしています。

7Sは、経営分析を行うときのフレームワークとしてとても有効です。うちの会社はうまく行っているのか？ 自社について構想するために基本の分析を行うときには、まずはこの7つから始めます。他の企業について分析しようと考えたときにもこの7つのSについて調べれば、概要をつかむことができます。

優れた企業では、7Sの各要素が相互に補完したり補強したりしあいながら戦略が実行されています。7Sは特に戦略と組織・人材の適合性を考えるのに適したフレームワークです。例えば戦略を遂行するためには、それに適合した組織や制度が必要です。人材や組織のスキルと組織の仕事の進め方も、相互に関係しあっています。そしてそれらの中心には価値観があります。これらの7つの要素は相互に補強しあいながら強化しあったり補完しあったりして、企業の強さを創り上げます。

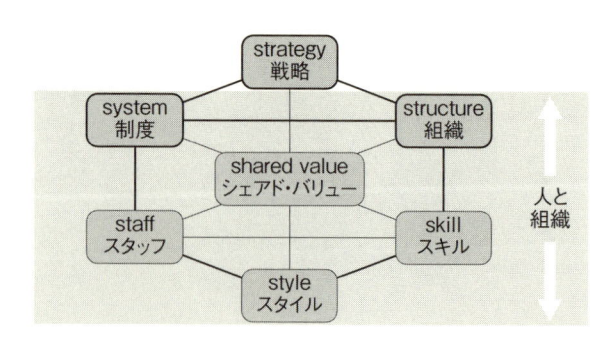

1．戦略（strategy）

持続的競争優位を獲得すべく、資源配分の優先順位をつけて環境変化に対応してビジネスの方向性を意思決定することです（S-1参照）。

2．組織（structure）

通常組織図で表される組織の形態で、戦略を公式に反映したものです。部門間の関係を表現しています。組織を設計する際には、部署間の関係をどのようにするか、グループにおける各企業の関係をどのように保つかなど、様々な面から検討する必要があります。

3．制度（system）

社内のルールです。意思決定の仕組み、人事制度（評価・福利厚生・給与・育成）や会計制度（固定費配賦の仕組みなど）が含まれます。

4．スタッフ（staff）

組織が抱えている人材やポジションです。人材とポジションをマッチさせるのが人事（staffing）です。個々の人材の能力は７Sについては、ここに含むこともできます。

5．スキル（skill）

主として組織が持っている能力を意味します。例えば開発力・技術力・マーケティング力・販売力などがそれにあたります。スタッフひとりひとりの能力を含める場合もあります。組織の能力は個人の能力の総和以上のものであることが大切です。

6．スタイル（style）

スタイルは組織におけるしごとの進め方です。マネジメントスタイルはマネジメントの行いかたのことです。リーダーシップスタイルはリーダーとしての統率力の発揮のしかたのことです。それらの根っこにあるのが組織文化（culture）です（S-エッセイ参照）。スタイルは企業独自の「らしさ」であるといってもよいでしょう。

7．シェアド・バリュー（shared value）

共通の認識として持っている価値観や経営理念など会社の「こころ」といってよい要素です。組織内で共有され、他のSを統合します。単に"value"としなかったのは"s"で始めたい事情もあったのだと推察しますが「共有されている」という点は重要です。この言葉は後に「共有価値創造（shared value creation）」として更に発展しました。

「戦略」「組織」「制度」―偶然日本語でも"S"で始まるこれらの3つを「ハードの3S」といいます。

ハードの3Sは、外から見ても比較的わかりやすいものです。そして、戦略は新たに構築することができ、組織は改編することができます。制度は新規に導入したり改訂したりすることができます。つまり、3Sはある程度マネジメントの決断によって変更することが可能です。ハードに分類される3つの要素は、外科的といってよいものだといえます。

「スタッフ」「スキル」「スタイル」「シェアド・バリュー」――これらの4つは「ソフトの4S」と呼ばれます。敢えて日本語訳としないほうが真意が伝わると思います。

スタッフを急に総入れ替えすることはできません。組織のスキルは企業の歴史とともに蓄積したものです。スタイルは本来変わらないその企業の「らしさ」です。シェアド・バリューは企業を貫いている価値観つまり何が「よいこと」とされているかという行動の大前提です。

ソフトの4Sはいずれも企業の内面に関係するものであり、蓄積する性質を持ち、ハードの3Sの前提となるものです。変えたいと思っても容易には変わりませんし、簡単には変えるべきでないものだといえます。

ですから、4つのSについて変革を起こそうと考えたら、急に変化を起こすのではなく、体質改善のように慎重に時間をかけて行うことが必要です（L-8参照）。ソフトに分類される4つの要素は、内服薬や注射が効く内科的あるいは漢方的なものと形容できます。

手を加えやすいという理由から、企業の変革においてはハードの３Ｓに目が向きがちです。そしてハードの３Ｓを変えれば、ソフトの４Ｓの方はおのずとついてくると考えてしまいがちです。

　しかし、術後ケアがなければ患者の命が危なくなってしまいます。じわじわとソフトの４Ｓを変えていかなければ、企業変革はできません。ハードとソフトの両面にわたって７つの要素すべてを整合させて、ベクトルの向きを合わせていくことがこのモデルの肝です。

　さて、代表的な戦略コンサルティングファームであるマッキンゼーのこのモデルは、戦略を考える際に紹介されることが多いのですが、改めてこの７つの要素をよく見てほしいと思います。

　一番上にある「戦略」以外の６つの項目は、「組織構造」「人事制度」「人材・役職・人事」「組織能力」「マネジメントスタイル／リーダーシップスタイル」「組織の価値観」と言い換えることができませんか？

　つまり、「定番中の定番」の７つのＳのうち６つのＳは「人材・組織」の中心的テーマなのです。７つのＳは「戦略」「人材・組織」の各要素がいかに密接に相互関連しているかを雄弁に語っているモデルと理解することも可能なのです。

S-8：やっつとせ
8つのアンカー（シャイン）の応用

　ストラテジーは組織が主体となって策定するものと思われがちですが、個人にとっても大切です。特に、キャリア・ディベロップメントにおいては。

　個人のキャリア・ストラテジーを考える際に参考になるのが「キャリア・アンカー（career anchor）」です。本来はキャリアに関する枠組みですが、翻って組織のストラテジーを考える際にも応用できます。

　キャリアは転機を経て変化し、また展開していくものです。「キャリアはルート記号の形をしている」と私は思っています。「いい感じ」と思って上がったらずどーんと下がり「これでもう終わりか」と思ったところでふとしたきっかけから急上昇。それが続くかと思ったら今度は頭打ちに。直線部分に着目すれば「キャリアのステージ」となりますし、屈曲点に着目すれば「キャリアの節目」となります。

　キャリアはドラマですが、紆余曲折いろいろありながらも結局最後まで変わらない不動の点もあります。それがキャリア・アンカーです。エドガー・シャイン（Edgar Schein）が提唱したこの概念は海外から日本に紹介されたキャリア理論のなかで最も有名なもののひとつですから、知っている人も多いと思います。

　アンカーはいかり（漢字では「碇」とも「錨」とも書きます）。船（＝自分）を安定させ、固定させるものです。

　キャリア・アンカーは、自分のキャリアを深いところから自分をつなぎとめているもの。譲れない・譲りたくない・譲るべきでないもの。自分自身のキャリアについて意思決定を行う際の判断基準や基本指針となるもの。キャリアをどう選択するかは「意思決定」ですから、ストラテジーにかかわると考えることができます（S-1参照）。

シャインは、キャリア・アンカーをキャリアの形成における「自覚された才能・動機・価値観の型」であると定義しました。自分が本当に「やりたい」こと（目標・価値観）、「できる」こと（得意・好き）などについて、自分をよく認識し、理解し、イメージを持っていることです。

シャインは、研究対象として複数の人にインタビューを行った際、彼ら彼女らが自分に適していない仕事についたとき、自分にもっと適した仕事に「引き戻されている」というイメージを多くの人が共通して持っていることを発見したと記述しています。そして、航路から外れた時に「引き戻される」ところ、航路から外れず「安全な港に停泊できる」ようにするものがアンカーなのです。

仕事を通じて「やっぱり自分はこれが得意なんだ」と再認識したり、「自分は何に燃えるのか」を再発見したり、「自分が本当に価値を置いているものはなにか」を再確認したりすることもあるでしょう。シャインの言葉で言えば、「コンピテンス（competence）」「モーティブ（motives）」「バリュー（values）」です。

それらは「デキの素」「ヤルキの元」「価値の基」と言い換えてもよいでしょう。これらの3つの「もと」は、できる（can）、したい（will）、すべき（must）に対応しています。

「仕事」は変わっていっても、自分という船がつなぎとめられている地点は変わらないのです。そして、それが「私は何者か（"Who am I?"）」に対する答えです。

どんな人にもいずれ何らかの形で「転機（transition）」は訪れます。その時にどう身を処すか、何が大切で何が大切でないかの優先順位をつけるための戦略的意思決定（S-1参照）の基準が「自分にとっては何がアンカーなのか」という問いかけです。人は「もと」から離れられず・離れたくなく・また離れるべきでもないのです。

私は自動車会社に9年、コンサルティング会社に4年、金融機関に9年、大学に10年勤めてきました。仕事の内容は大きく変わったように見えると思いますが、アンカーの場所はずっと同じでした。「いろいろ知りたい！ けれども同時にいつも頭を整理したい！」——多分それが「おおもと」であり、今この本を書いている原動力にもなっていると思います。人は変わらなく、また変われないのです。

　シャインは調査を通じてほとんどの人は8つのアンカーのいずれかに当てはまるとし、8つのアンカーをTF・GM・AU・SE・EC・SV・CH・LSの省略形であらわしました。私は日経Bizアカデミーで「キャリアづくり論」というweb連載を行った際に、それらを思いきって「漢字ひと文字」で要約してみました。

　「専・総・独・安・創・献・挑・衡」です。

専：テクニカル／ファンクショナル・コンピタンス（TF）
　何かを得意とし特定分野のエキスパートとして活躍することに価値をおき、喜びを感じます。できれば「その道の大家（グル）」と言われるようになりたいと思っています。専門職として自分のスキルを使って能力を最大限に発揮することが喜びです。

総：ジェネラル・マネジメント・コンピタンス（GM）
　マネジメントや問題解決に関心を持ち、責任を引き受けて成長することに喜びを感じます。組織の中で昇進して組織を動かし、スケールの大きな仕事をすることに価値をおいています。決断を行うことには困難が伴うけれどもそれゆえに動機づけられるというタイプです。

独：オートノミー／インディペンダンス（AU）
　自分のルールで人の力を借りずにものごとを進めること、自分が納得できる方法や手順で仕事を進めることを好みます。ひとと同じやり方が苦手な人もいます。組織から独立して自律的に働ける仕事環境のほうが真価を発揮できると考え、マイペースで仕事をすることを好みます。

安：セキュリティー／スタビリティー（SE）

　安定性と継続性を追求し、将来が見通せる安心を求めます。リスクを回避する傾向が強く、次々と予測できないことが起きることは好まず、安定的な環境で仕事をすることを優先します。キャリアにおいて何らかの大きな決断をする際はまず保障と安定を基準にして判断を行います。

創：アントレプレヌール的クリエイティビティー（EC）

　「新しい」「創る」といった言葉に反応します。ものを発明したり創造的であったりすることに価値を置きます。また、創造的な生産物が自分の努力の結果であり、自分自身が生み出したものであること（ownership）を大切にし、それが経済的な成功につながることを求めます。

献：サービス／大義への献身（SV）

　「どうすればひとの役に立てるか」を考え、それがドライブにもなりバリューになっています。職業選択の際には本心から「社会をもっと良くすることにかかわりたい」という欲求に基づいて職業を選択します。医療・社会福祉・教育などの領域において多いとされます。

挑：純然たるチャレンジ（CH）

　「チャレンジ」自体に駆り立てられます。いわば「高い山があれば登りたい」と思う気持ちを人一倍強く持っているタイプです。不可能と思えることがあれば可能にしたい、難しく思えることがあれば克服したい、手ごわい競合がいれば勝ちたいと無意識のうちに考えています。

衡：ライフスタイル（LS）

　仕事だけではなく生活全体を大切にします。LSのカテゴリーの人にとっては、仕事のニーズと家庭のニーズをバランスよく統合することが最も大切な価値なのです。個人的な状況と家族の事情を尊重してくれることを高く評価します。

キャリア・アンカーを8つの漢字で表してみると八犬伝の「8つの玉」のようにも見えます。仁・義・礼・智・忠・信・孝・悌――これらは、他者に対する態度や周囲との関係の持ち方に関わります。それに対してキャリアの「8つのアンカー」のほうは、あくまでも「自分で自分のことをどう思っているか」というセルフ・イメージであり、自分の能力・欲求・価値観の「もと」のことです。

8つのアンカーのうちどれが自分にあてはまるかについては、比較的万遍なく散らばります。自分のアンカーが何かわからない人もいると思いますが、通常は自分で選ぶのではなくシャインによる40項目からなる質問票に答えて合計点を計算することで自分のアンカーを発見します。

私も過去に何度かその質問項目を使って調査を行ってみましたが、確かに驚くほどバランスの取れた分布を確認することができました。ただし時代による変化もあり、東日本大震災の後は「献（SV）」が増えました。

8つのうち、複数に対して共感するひとも多いと思います。しかし、アンカーは「敢えていえばどのひとつか」を決めていくところに特徴があります。ひとつを選ぶからストラテジーといえるのです（S-1参照）。

キャリアはディベロップしていくものですが、同心円を描くためには軸が必要です。それがキャリア・アンカーです。専・総・独・安・創・献・挑・衡のうち「譲れなく・譲りたくなく・譲るべきでない」ものはどれかというこだわりこそが、実は「己（self）」の正体です（L-9参照）。

アンカーはひとつにしぼる。
多すぎると動けないよ。

アンカーの考え方は、企業がストラテジーを練るために「3つのC」に戻って考えるときの"company"の理解にも応用可能です（S-3参照）。「譲れなく・譲りたくなく・譲るべきでない」もの——それが「わが社」の正体だからです。
　例えば本来の「ソニーらしさ」の正体は「挑」かも知れませんし、どの企業グループにも属さないホンダのアンカーは「独」といえそうです。「うちはいい会社だよ」の次に「絶対つぶれないから」が続くのであれば「安」です。戦略はそれらの大前提の上に策定されるのです。

　最後に「かぞえ歌」にちなんで少しだけ音楽関係の話をします。
　この8つのアンカーのことを考えていて、キャリアも戦略も「ト音記号」のようなものとも言えるなぁと思うようになりました。ト音記号は、英語では"G clef"といいます。「G」（＝ト音＝♪ソ）を装飾文字にしたものです（L-7参照）。
　最初にト音の位置から書き始めます。それが、この世に生を受けたときの原点にあたります。そこから右回りに渦のように広がる円を描き、急に反転して上に突き抜けます。そして、そのまま行くかと思ったらヘアピンカーブで急転直下。ところが、そこから別の場所にいくわけではなく、まるで自分の原点を確かめるかのようにト音の位置に戻ります。そして、そのまま力強く突き抜けて、最後にまたちょっと振り返るように少しだけ原点の方を向いて終わります。
　ト音記号は、ものごとの展開と中心となる不動の点の関係をとても上手く表しているような気がします。そして、個人であれ企業であれ、ストラテジーを考える際には自分は自分のアンカーから「離れられず・離れたくなく・離れるべきでない」ことをしっかり認識すべきだと思います。

S-9：ここのつとせ
９つのブロック（オスターワルダーら）と窓の外

ビジネス・モデルの９つのブロック

　東日本大震災の翌年に翻訳が出版されて話題になった本のひとつに、アレックス・オスターワルダー（Alexander Osterwalder）とイヴ・ピニュール（Yves Pigneur）による『ビジネスモデル・ジェネレーション ビジネスモデル設計書』（小山龍介訳）があります。原題は"Business Model Generation: A Handbook for Visionaries, Game Changers, and Challengers"。副題を素直に訳すと「ビジョンを創る人、ゲームの仕方を変える人、チャレンジをする人のためのハンドブック」です。

　新しい価値を創りだす（generate する）にはどうすればよいか——この本では「ビジネス・モデル・キャンバス」を紹介し、「９つのブロック」に分けて説明しています。ビジネス・モデルを創るためには、次の９つの問いに答えていくことが必要だと説明されています。

「顧客は誰か？」
「顧客とは何によって関係を作るか？／そのチャネルは何か？」
「顧客にはどんな価値を提供するのか？」
「自社はどんな活動を行うのか？／自社が持つ資源は何か？」
「主要なパートナーは誰か？」
「収入の流れはどうなっているか？」
「コストとしては何があるのか？」

　ビジネス・モデルを系統立てて理解し自ら設計してアクションを取る方法を示したこの本は、ビジュアルが多く使われ、横長の本を更に横に開けるようになっているなど書籍としてもユニークな差別化の試みがたくさん行われています。

　私はこの本を一読した瞬間、「この本の内容は『人材マネジメント』（特にキャリア戦略）にそのまま応用できる」と直感しました。

発売からわずか半年後、案の定『ビジネスモデル YOU』が翻訳書（神田昌典訳）として発売されました。ティム・クラーク（Tim Clark）が先の書籍の2人の協力で書いたもので、「ビジネス・モデル・キャンバス」を「パーソナル・キャンバス」に置き換えてあります。

この本は社会に向けて自分を打ち出していきたいと考えている人が「『自分』というビジネスモデル」をどう考えればよいのかについてのヒントを授けてくれます。

「ビジネスモデル YOU」には、書き込み用のページもあります。私もこの本を書く際に素直に使ってみて、確かに使えると実感しました。

一番右にあるのが「顧客のセグメント」。想定する読者です。

その左には「顧客とのリレーション」と「チャネル」が上下に並んでいます。書籍という媒体であり、書籍を通して読者と結びつけてくれる書店などのルートです。

真ん中にあるのが「顧客に与えるバリュー」。皆さんが経営についての考え方を整理するお手伝いができるのではないかと考えました。

その左には「キーとなるアクティビティー」と「キーとなるリソース」が上下に並びます。自分は何者で、どんな資産を持っているのか。私の場合は、実務経験22年と大学での教育経験10年を通して蓄積してきたさまざまな枠組みと理論がそれにあたるのではないかと考えました。

■ビジネス・モデル・キャンバス
●パーソナル・キャンバスの問い

■キーとなるパートナー	■キーとなるアクティビティー	■顧客に与えるバリュー	■顧客とのリレーション	■顧客のセグメント
●キーとなる協力者は誰か？	●大事な仕事や取り組みは何か？	●どのように役に立ちたいか？	●どのように関わりを持ち、接するか？	●誰の役に立ち誰のためになりたいか？
	■キーとなるリソース		■チャネル	
	●あなたは何者で何を持っているか？		●どのように知らせ、届けるか？	

■コスト	■レベニュー
●何を費やすのか？	●何を手に入れるのか？

出所：「ビジネスモデル YOU」（筆者により一部訳を変更）

一番左は「キーとなるパートナー」。確かにこの本は協力者なしでは成立しませんでした（「はじめに」参照）。イラストの谷先生、振り返りにつきあってくださった先生方、見直しを手伝ってくれたり新しいアイディアをくれたりした人材ゼミのゼミ生たち。
　左の下には「コスト」があり、右には「レベニュー」があります。
　コストはインプット、レベニューはアウトカムにあたります。インプットは、時間・努力・情報など（M-2参照）。この本をきっかけにしてネットワークが改めて強まったり新たに生まれたりすることを期待しています。そして、自分自身のアタマが少しは整理されることも。
　実際にあてはめてみると、確かにこの「9つのブロック」のモデルは上手くできているなぁ、と感心してしまうのです。

9つの窓と窓の向こうの空

　「S（ストラテジー）のかぞえ歌」も最後となりました。1の定義から始まって、2つのW、3つのCと角、4つの象限、5つの力、6つの問い、7つのS、8つのいかり、9つのブロックと数えて、9つの「見方」つまり9つの窓が並びました。
　本書のかぞえ歌は、単純に数字の順に並べて整理をしただけのものです。引き出しに番号をつけただけとも言えます。しかしかぞえ歌の形式自体、より大きな意味でのフレームワークを提示したものと言うことも可能です。
　戦略を立てて実行する目的は「持続的な競争優位（sustainable competitive advantage）」を得ることです。一時の競争優位であれば得ることはできるでしょう。しかし「持続的」となると話は別です。
　戦略的な思考法は、かつては新鮮に見えるものでした。しかしながら、近年では多くのひとがその考え方を身につけるようになりました。その結果、皮肉なことにフレームワークをいくら学んでも、皆と同じものを使っているためそれだけで差別化することはむしろ難しくなっているのも事実です。

カール・ポッパー（Karl Popper）は、フレームワークをこんな風に定義しました。「そこから考えることができるところのもの（within which we are able to think）」——ちょっとややこしく聞こえるかも知れませんが、私たちがその中で発想し考えてしまっているものが枠組みだということです。枠組みは確かに便利です。しかし、私たちを知らず知らずのうちに縛ってしまっているのもまたフレームワークなのです。

　私たちは枠組みを知るとそれを通して見えるものしか見えなくなり、そして見えるものだけを世界だと思ってしまいがちです。中途半端な知識が却って自分を縛ってしまうことも往々にしてあります。「囚」という漢字は人が四角のなかに閉じこめられています。既存の四角（枠組み）に囚われてしまうと、本当に新しいアイディアは生まれません。

　秋元康はAKB48を立ち上げたときに「秋葉原でアイドルなんて絶対ムリだ」と言われ、「不思議と『ムリ』という言葉が面白く感じた」といいます。「ムリ＝誰もやっていないぞ、空いているぞと」（AERA 2014年1月）。

　"Think outside the box!（箱の外に飛び出して考えろ！）"

　窓枠から見えるよりも、外の世界はずっと広い——本物の戦略的差別化は、窓から外に飛び出したときに可能となるのです。

　だからといって枠組みを知らなければ飛び出すことさえできません。囚われずに「活用」するために枠組みはあります。そのためにも、たくさん学び、整理箱に並べて相対視することが重要なのです。

S-エッセイ

ミンツバーグの戦略サファリ

「Sの章」では、戦略的なものの見方についての9つの代表的枠組みを紹介しました。そして「人材・組織マネジメント」の分野とどのように関連付けられるかについて考察しました。

1. 戦略的意思決定の定義から考えて、戦略は人と組織に関係します。
2. 何を（What）と同じくらい誰が（Who）が大切です。
3. 最初に3つのCを書くところから始めます。
4. PPMの4つのカテゴリーは人材育成から考えるとわかりやすいです。
5. 業界に働く5つのチカラはM&Aが起きる理由にもなります。
6. 6つの問いの技法を身につけると戦略的に行動することができます。
7. マッキンゼーの7つのSのうち6つまでは人と組織の話です。
8. キャリアの理論である8つのいかりは組織の戦略にも応用可能です。
9. 9つのビジネスモデルのブロックはそのまま個人にも応用できます。

　この章ではさまざまな戦略論を俯瞰（ふかん）する立場から、ヘンリー・ミンツバーグ（Henry Mintzberg）らによる『戦略サファリ（原題"Strategy Safari," 1998年）』を駆け足で紹介してみたいと思います。私の経験や事例を入れていますので、本の解説とエッセイの中間のようなものです。

　「ストラテジー」とひとことで言っても、実はさまざまな解釈があります。「戦略はつまるところ○○である」の○○にはいろいろなものが入るということです。戦略論が成立する大前提や焦点の当て方が異なるからです。

　ミンツバーグは、異なる戦略論を「10の学派（school）」に分類し、ひとつひとつの学派の特徴を動物になぞらえて説明しました。蜘蛛、リス、水牛、狼、ふくろう、猿、くじゃく、だちょう、そしてカメレオンです（蜘蛛は動物か？　という突っ込みはなしでお願いします）。

「サファリ」は探検旅行。サファリ・パークでは、さまざまな種類の動物たちが生活しているのを見ることができます。そしてかぞえ歌には「10でとうとう・・・」が加わるものも多くあります。ちなみに寄席では10を越えると「つ」がつかなくなるから「つばなれ」と呼ぶそうです。お客さんが10人以上入る望ましい状態です。「離れて見る」と解釈すると振り返りにもぴったりです。特徴のある10種類の動物をサファリで観察すれば、かぞえ歌のまとめにふさわしい俯瞰になると考えました。

「戦略サファリ」では、そもそも戦略全体は象のようなものだと想定して、導入部では有名な「群盲象をなでる」の逸話が紹介されます。象の体のどの場所をなでるかによって、「象とはこのような動物である」という見方が変わることと似ているからです。

同様に、ストラテジーをどう捉えるかは企業活動のどこに焦点を置いて見るか次第です。どの学派が優れているかという比較ではなく、戦略論を体系的に整理しながら概観し、動物の違いは何に由来するのかを理解し、そもそも動物とは何かを理解することがサファリ探検の目的です。

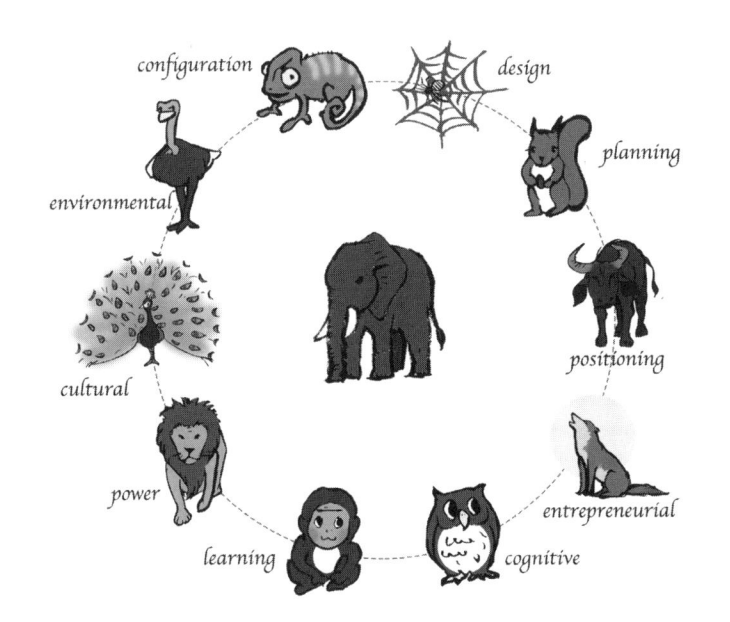

1. デザイン学派（Design School）

　ミンツバーグは、デザイン学派を蜘蛛に喩えています。

　蜘蛛は巣を張って結果を待ちます。同様に、デザイン学派ではストラテジーとは勝つための意図を持って蜘蛛が巣を張るように事前に設計していくプロセスだと考えています。

　例えば、有名な「SWOT分析」はこの学派の主要な武器です。SWOT分析では、自社という「内」の強み（strength）と弱み（weakness）と「外」の機会（opportunity）と脅威（threat）を分析します。その4つから戦略が創造され、戦略を評価し選択していくことが戦略の実行であると考えるのがデザイン学派です。

　デザイン学派は、世界は理解できるものだと暗に想定し「内にある能力」と「外にある可能性」をマッチさせていくことの重要性を強調します。そして、戦略形成は「意図的な（deliberate）プロセス」であることを前提しています。また、「責任はトップマネジメントにあり、CEOこそが戦略家（strategist）である」と前提されています。戦略とはトップにだけ出せる「大局観」であり、戦略モデルはトップが打ち出す明快で簡潔で独自のものだとされています。

　ミンツバーグはこの学派の弱みとしては、「アタマで考えたこと（conception）」に頼りすぎたり、硬直性を増長してしまったりする点などを指摘しています。

　一方で、デザイン学派は戦略とは「学ぶ」べきものであることを主張し、戦略論の発展の基礎を提供しました。ミンツバーグはこの学派を感覚的に理解するためにはかつてのIBMの"THINK"という標語（sign）と共に写った当時の社長トーマス・ワトソン（Thomas Watson Sr.）の写真を思い浮かべるのが一番よいと述べています。

　デザイン（design）という言葉の中にはサイン（sign）が入っています。サインは印をつけたり署名をしたりすることです。自ら責任を持って目印をつけること——それがデザインという言葉の本来の意味なのです。

2．プランニング学派（Planning School）

　プランニング学派は、動物でいえばリスだとされています。
　リスは寒い冬に備えて食べ物を溜め込みます。きっと越冬の計画を立てているのでしょう。同様にこの学派では将来への備えと計画が大切。この学派にとってストラテジーとは、将来に向けての計画を綿密につくりあげ準備万端整えて実行していくプロセスです。
　「戦略といえばまず計画でしょう」という人は無意識のうちにこの学派に所属しています。
　私はプランニング学派の流儀通りの仕事を体験しました。1982年に自動車メーカーの新入社員として最初に配属されたのが「計画部（Planning Department）」だったからです。「計画部」は数年後に日本語では「企画部」と名を変えましたが、英語の名称はそのままでした。「『企画』だったらプランニングのままでいいんじゃない？」と誰かが言ったのだろうと思いますが、ニュアンスは随分違います。
　プランニングを行うためには、データを駆使して精緻に設計図を描きこんでいかなければなりません。私が在籍した「計画部」も、その手法においてまさにプランニングでした。外部環境の分析、自社の製品計画・技術計画・販売計画、製造工場・開発拠点・販売拠点の拡張計画。実際にそれに基づいて大きな意思決定が行われ巨額の投資が行なわれました。
　戦略に対する最終責任はトップにありますが、実行段階での実際の責任はプランナーにあります。戦略は、各ステップに分解されることを通じて、目標・予算・プログラムなど、より下位の計画に落としこまれていきます。将来のシナリオを描く「シナリオ・プランニング」は、この学派の武器のひとつです。
　戦略計画を立てるためには「事実（fact）」が必要です。一方で、数字にこだわるあまり、数字でないものを見落としがちな点は弱点であると思います。また、鳥瞰＝大局＝長期的視野は良いことですが、行き過ぎると「現場を知らない押しつけ」にもなりかねないのです。

3. ポジショニング学派（Positioning School）

ミンツバーグの喩えでは、ポジショニング学派は水牛であるとされています。

ポジショニングは「立ち位置」です。同時にそれが「位置づけ」ともなります。ストラテジーの目的は、利益をあげること。そのためには有利なポジションを獲得して競争優位に立たなければなりません。ですから、ポジショニング学派から見たストラテジーは「位置どり」です。自社が優位に立てる場所にいち早く陣取り領地を拡大すれば「地位」も上がります。

ストラテジーといえば「まず業界の構造の分析、次に選択肢の提案、それをトップが意思決定すること、それしかない！」と考えているのであれば、無意識のうちにポジショニング学派に所属しています。

ポジショニング学派が戦略論の中心となったのは1970年代から80年代にかけてでした。1970年代にボストン コンサルティング グループ（BCG）のPPM（S-4参照）などの分析ツールがあらわれ、ポーターの『競争の戦略』が出版された1980年にブレークし、その後ずっと主流となっています。PPMや「ファイブ・フォース（S-5参照）」などはまさにこの学派の代表的な枠組みです。

「戦略はポジションである」という見方は、大所高所からの発想によるものです。この学派の見方によれば、戦略形成プロセスとは、分析的な計算に基づいて、ポジションの中からひとつを選択することです。綿密な分析の結果から、「位置どり」の戦略が生まれ、実行されていきます。この学派における主役が分析家（analyst）になるのはそのためです。

私はこの学派が全盛だった1990年代に戦略コンサルティング会社に入りました。合言葉は「分析！分析！分析！」。毎日100枚以上のグラフを作っては、片っ端から没になるという「虎の穴」を経験しました。

ポジショニングは「身の置き場」と解釈することもできます。組織のなかで自分はどのように戦略的に動くかを考えることは大切です。つまり、この学派の考え方は個人としての戦略にも応用できるのです。

4．アントレプレヌリアル学派（Entrepreneurial School）

起業家は、一匹でいることの多い狼に喩えられています。

狼はひとり月に向かって咆えます。この学派では、戦略形成プロセスは偉大なリーダーによるビジョン創造にほかならないと考えています。ですから、戦略形成を行うのは明快なビジョンを持つ1人のリーダーに集中します。リーダーの直感・判断・知恵・洞察から戦略は生まれる——それがこの学派の考え方です。

アントレプレナーは、伝統に縛られず、リスクを恐れず、自ら新しい事業を興す人財のことです。日本ではこの言葉は1990年代に特にITを中心として起業がブームになった頃から盛んに使われ始めました。

アントレプレナーは必ずしも「ベンチャー企業家」とは同義ではありません。アントレは"中へ（inter）"のこと。「中に入ってつかむ者」がアントレプレナーです。ですから企業の創業者であってもアントレプレナーでない人は数多くいますし、逆に大規模な組織に所属していてもアントレプレヌリアルな人はいます。この言葉が真に意味するのは「リスクを取ってビジョンを持って企業や社会に変革をもたらすもの」ということです。

ストラテジーは、それをつくったアントレプレナー自身の中にある——もしそうだとすると、これはつまるところ人材の話でありリーダーシップの話です。この文脈において「Sの章」と「Lの章」は丸ごと合体するというわけです。

この学派ではビジョンこそが戦略の源ですが、最初のビジョン通りに進んだ企業もありません。電動バイク・電動三輪・電動シニアカーのベンチャーであるテラモーターズの徳重徹社長は「軌道修正能力のほうがはるかに重要だ」と言っています。なるほどそのとおりだと思うと同時に柔軟性もまたビジョンの形だと思います。しかし、ビジョンには軌道修正能力が大切ということになると、ストラテジーはいよいよ組織マネジメントや組織能力の問題になってくると思えてならないのです。

5．コグニティブ学派（Cognitive School）

ミンツバーグによれば、ふくろう。森の哲学者で学問の象徴です。

この学派は、学者の見方です。その根底にあるのは、人間の「限定合理性（bounded rationality）」。神様ではない人間にはおのずと合理性にも限界があるということです。そのような人間が立案したり実行したりするストラテジーは、かならずしも最善のものとはいえないという、ちょっと醒めた見方です。ストラテジーの枠組みを学んでそれを企業で応用しようと思っている人から見ると、「これが戦略論？」と疑問を持ってしまうかも知れません。

この学派の学問的背景は、認知心理学（cognitive psychology）です。ビジョンやストラテジーが心の中でどのように出来上がるのかに焦点を当て、「かくあるべし」と考える戦略家のマインドそのものを分析の対象にしています。

「ふくろう属」の人たちは、その見方を使って戦いを勝ち抜こうとはあまり考えていないように見えます。この学派は「効果的な戦略の立て方」よりも「戦略を立てる人間の心のありよう」に興味があるのです。

この学派が焦点を当てるのは、人間がものごとを認知する際にどれだけバイアスがかかるか、ものごとが歪曲されているかといったことです。意思決定時のバイアスとして紹介されているスピロス・マクリダキス（Spyros Makridakis）による整理のうちいくつかを紹介してみましょう。

・人間は裏付けとなる証拠を探してそれに反する証拠を無視しがち。
・人間は新しい情報を優先して以前のものを軽視してしまいがち。
・人間は思い出しやすいことを重要視してしまいがち。
・人間は因果関係のないものに関係を見いだしてしまいがち。
・人間は問題に自分の経歴や経験を重ねあわせがち。
・人間は成功は自分の力で失敗は他人のせいだと思いがち　…etc.

どうでしょう。思い当たる節がたくさんあるのではないでしょうか？

6. ラーニング学派（Learning School）

猿は、動物の中では最も学習能力に長けています。

この学派のスローガンは、「最初に上手くいかなければ、繰り返し繰り返し試してみよ（If at first you do not succeed, try, try again）」。

猿は学びの象徴です。この学派は、ストラテジーとは創発的な学習のプロセスであると捉えます。前提となっているのは、世界はあまりに複雑なので明快な戦略をいきなり策定することは不可能だという見方です。ストラテジーとは、組織が適応したり学習したりするなかで少しずつ姿をあらわしていくものであると考えているのです。

未来はどうなるか全くわからないという大前提に立っている「猿属」は、「プラン」であれ「ビジョン」であれ、ストラテジーを前もって示すことは、本来的にナンセンスだと考えています。まずはトライしてから！　ミンツバーグ自身は次のような「戦略形成の草の根モデル」を示しています。

・戦略は、初めに庭の雑草のように生え、パターンが自然に形成される。
・人々に学習する能力がありその能力を支えるだけの資源があれば、行動はおのずと戦略的テーマに収束していく。
・パターンが雑草のように広がって組織全体としての行動パターンになる時、創発的戦略は組織的なものとなる。
・新たな戦略はいつでも生み出されている。しかしそれが浸透するのは、組織が変化するときである。
・このプロセスのマネジメントとは、前もって予想することではなく、出現を認識し、適当なときに介入することである。

1歩進むたびに見える景色は異なっていくのですから、ストラテジーを前もって決めるのは不可能。次の牌をツモるたび変わる状況に臨機応変に対応することを麻雀では「手なり」といいます。ステージが変わるたびにすぐに適応できる組織能力を持つことが「学習する組織」です。ラーニング学派の視点から見たストラテジーは、まさに組織のマネジメントとディベロップメントそのものなのです。

7. パワー学派（Power School）

ミンツバーグは、パワー学派を百獣の王であるライオンに喩えています。

ライオンは動物界に君臨しています。同様にパワー学派においては、戦略形成は誰がネゴシエーション（negotiation）上強い立場にあり、業界などにおいてどう君臨できるかの問題だと捉えています。

企業は何を求めて競っているのでしょうか？「パワーです」というのがこの学派の答えです。パワーがあればものごとをより有利な方向にもっていくことができますから、収益はおのずとついてきます。

『戦略サファリ』においてはパワーは「影響力の行使」の意味で使われています。パワーによって交渉における優位性を獲得し自らのコントロールの及ぶ範囲を拡大しようとするのです。

相手に依存してしまうと、相手のなすがままになってしまいます。パワーゲームにおいてはより多く依存しているほうが交渉上不利です。「惚れたほうが負け」というわけです。逆にいえば、相手に依存させたほうにパワーは宿ります。また、仲間が多ければパワーは増えます。

企業が戦略的強みを確立しようとすると、他の組織に対する依存度（dependency）を低下させたり、他の組織と協力して自らのパワーを増大したりしなければなりません。ライオンはそこに着目するのです。S-5でも述べた通り企業がM&Aを行うのは規模の拡大を通じてパワーのある買い手やサプライヤーとなるためと解釈することができます。

独立できているということは、それだけパワーがあるということです。組織であれ個人であれ、自分は自分自身でありたいと願うもの（S-3, S-8参照）。そのような自立性や自律性をかち得るためにもパワーは必要です。「自」が「他」に過度に依存することについては抑制しつつ、「他」が「自」に対しては依存させるように仕掛けていく——それがゲームの本質です。

パワーは人間関係であり組織間関係ですから、この学派が「つまるところひとと組織だ」と思っていることは間違いありません。

8. カルチュラル学派（Cultural School）

　孔雀は、織物のような見事な羽を広げます。そして織物は文化です。

　カルチャーとは、組織文化や企業文化のことです。（この学派は決して公民館などで開催されている「カルチャー・スクール」ではありませんのでお間違えのないように！）

　この学派では強い「カルチャー（culture）」を創ることこそがストラテジーなのだと考えます。ストラテジーは社員によって共有される理念や信念に基づいた社会的相互作用のプロセスそのものだと考えるのです。

　ポジションニング学派は「会社がどこに立っているか」を問題としました。それに対して資源ベース論（Resource Based View：RBV）では「会社が何を持っているか」に注目し、模倣することが困難であれば、戦略的に優位だと主張します（S-インタビュー参照）。この学派は企業カルチャーこそ他の組織に模倣しにくいものであると主張しました。

　カルチャーはカルチベーション（cultivation：耕すこと）によってできる組織の「土壌」です。組織のメンバーはそこに立っているわけですから、自分では気がつかないことも多いのです。カルチャーには組織の持つビリーフ（belief）も含まれます。ビリーフは信念と訳されるのが普通ですが、思い込みでもあります。土壌や信念はものごとの前提ですから、組織のメンバーだからといってきちんと説明できるとは限りません。文化は必ずしも言葉によって説明されたものではないことも多いのです。

　カルチャーとしてのストラテジーは、「ものの見方」自体であると考えられます。本人たちが意識しない間に戦略の策定や実行に決定的な影響を与えます。また、それが優れたものであれば、結果的に長期的な競争優位を保つ基盤となるのです。長い時間をかけて編みこんできた織物の雄大な柄こそがストラテジーなのだという見方です。

　組織文化の側からストラテジーを見る孔雀のような見方も「つまるところひとと組織」と考えている人にはきっと腑に落ちると思います。

9. エンバイロメンタル学派（Environmental School）

　ダチョウは高い環境適応力があり、寒暖を問わず生息できるのだそうです。

　この学派では、ストラテジーとは外部環境に反応するプロセスであると捉えます。企業はあくまでも外部環境のなかに存在しています。環境に適合しない組織は自然淘汰されてしまい、適合力のある組織だけが残るという考え方です。環境が生物を選ぶというダーウィンの考え方にも似ています。組織として（あるいは生物として）できることは、環境の変化に適合していくことです。

　「戦略とはいかにあわせていくかということだ」と考えるのは、企業はもともと自らストラテジーを決めていくような主導権を持っていないと想定しているからです。バレーボールで言えば、アタック中心ではなくレシーブ中心の考え方であるといえるかも知れません。主導権は外部環境の側にあり、主体的に戦略を形成することは難しいと考えているのです。

　「制度理論」もこの一派です。組織にはある環境のもとで制度上の圧力に面します。それによってストラテジーが形づくられると考えました。例えば、TPPが始まるとそれによって戦略を変更する企業もでてくるでしょう。しかしながら、制度を与件とすると、環境を共有する「ご同業」は似た戦略や組織を持ってしまいがちになります。

　エンバイロメンタル学派のようなものの見方は、主体性を重んじる人から見るとやや情けない態度に思えるかも知れません。しかし、私は逆に威勢のよい人に対して聞きたいことがあります。

　「意図通り・思惑通り・計画通りに進んだことってありますか？」

　人生は「まさか」の連続。およそ思い通りにはものごとは進みません。企業も同様です。なぜならば人間も企業も自分たちではコントロールできない「環境」を与件として生きていかざるを得ないからです。へたに自分の意図や思惑や計画にこだわるのではなく、「来た球をどう打ち返すか」つまり「いかに環境に適合するか」を考えるのは、私は大切だと思います。

10. コンフィギュレーション学派（Configuration School）

ミンツバーグは自分自身の立場をカメレオンに喩えています。

この学派では組織を「コンフィギュレーション（configuration）」と捉えます。フィギュア（figure）は「かたち」とか「輪郭」を表す言葉。組織の構成要素がどのように配置されているかを意味します。組織の構造上の特徴といってもよいでしょう。この学派は組織はその時点で一番環境に適した「コンフィギュレーション」をとるべきであると考えます。

この考え方を敷衍すると、環境の変化に応じたトランスフォーメーション（transformation：変革）が必要であるということになります。あるコンフィギュレーションから他のコンフィギュレーションへと移る必要が出てくるのです。体色を変える能力を持つカメレオンのような自己変革のプロセスをストラテジーと考えるコンフィギュレーション学派はトランスフォーメーション学派と呼ぶこともできます。

コンフィギュレーション学派は、それに先行する9つの学派を包括し統合した理論です。ミンツバーグは他の学派のポイントをすべて飲み込んで、次のような包括的な説明を試みようします。
・プランニング学派が有効なのは、成熟産業など安定状況にある組織
・ポジショニング学派が有効なのは、経済合理性が強く働いている組織
・ラーニング学派が有効なのは、将来予測困難でアイディア重視の組織

物理学の世界では、それまで絶対視されていたニュートン力学の体系をアインシュタインが相対性理論によって相対化しました。ニュートン力学はより大きな世界のなかの1つだというのです。

さまざまな組織論を相対的に位置づけたミンツバーグのしごとは、戦略論の世界における相対性理論と言えるのではないでしょうか。10種類の動物を上から観察するこの立場は「メタ戦略論」といっても良いと思います。戦略論の次元はひとつ上がったのだと私は思います。

サファリとかぞえ歌

　ミンツバーグは2003年のフィナンシャル・タイムズ（Financial Times）において、「偉大なるマネジメントの偶像破壊者」と呼ばれました。

　偶像破壊者（iconoclast）は偶像（icon）を破壊する者。それまで権威と思われていたものを破壊するひとの意味で使われるようになりました。ミンツバーグは、それまで殆ど偶像に近い存在となっていたポーターも含めて既存の「グル（guru）」たちによる戦略論を相対化してみせました。それが「偶像破壊」と呼ばれるゆえだと思います。

　新しい理論はより広い一般性で、それまで絶対的と思われていた相手をどんどん「相対化」していきます。戦略論における「相対化競争」の結果、今度はミンツバーグ自身が一番の偶像でありグルとなっているという見方もできるかも知れません、ミンツバーグの立場もまたいずれは相対化される日が来ないとも限りません。

　たとえそうであったとしても、戦略サファリはストラテジーについて人々がいかに様々な捉え方をしているということを一覧にして見せ、それによって全体像を示したという点で意義があります。

　見方自体を整理することは、自分の持論を相対化するということでもあります。相対性を理解するためには、遠くから俯瞰して並べて比較することが一番有効です。「戦略サファリ」のように理論的整合性が取れたものではありませんが、「かぞえ歌」が目指すのも相対化です。

　サファリを終えるとまず実に様々な動物がいることを実感できます。自分が「これしかない！」と信じ込んでいた考え方は、数ある見方の1つに過ぎなかったことに気がつくこともできます。次に動物同士の違いがよくわかります。最後に、そもそも動物とは何かがわかるのです。

　もしセンスの良い2軸を選ぶことができれば、組み合わせて4象限をつくることができます。そこに10種類の動物をマッピングすれば、全体像を見渡すことができます。

ミンツバーグが選んだ2軸のうちの1つは「外部世界（external world）」の見え方です。環境や競合などについて「予測不能・コントロール不能」と想定しているか「理解可能・コントロール可能」と見なしているかという対比です。

　もう1つは「内部プロセス（internal process）」の見せ方です。自分自身の考えや組織内部での意思決定を「合理的なもの（rational：理屈が通じるもの）」と前提しているか、「自然なもの（natural：理屈が通じるとは限らないもの）」と考えているかという対比です。

　プラニング学派（リス）やポジショニング学派（水牛）は、外部世界は理解もコントロールも出来るものと見ています。内部プロセスについても「合理的」と信じています。そのような見え方と見せ方が揃っているから綿密な「分析」の作業に励むことができるのです。

　デザイン学派（蜘蛛）が持つのは「構想」ですから内部プロセスについては中間的ですが、外部世界については働きかけて変えることができると信じて網を張ります。ただし、たまに人間が「蜘蛛の巣取り」の棒を持ってきて台無しにしてしまうのですが。

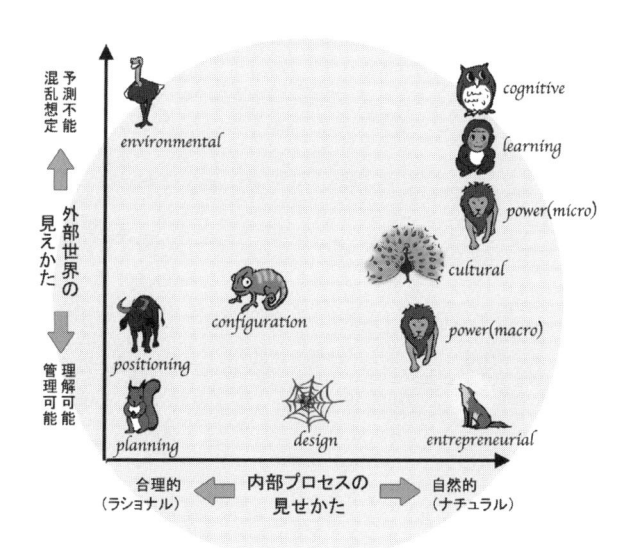

アントレプレヌリアル学派（狼）は「自分が世界を変える！」と意気込んでいるわけですから当然世界はコントロール可能であると見ています。「ビジョン」や「志」や「熱い思い」に駆り立てられている狼属は自然児ですから、内部についてはごく自然な形で提示をしていきます。

　皮肉屋にも見えるコグニティブ学派（ふくろう）は「外部世界が予測できる」などと思うのはそれこそ人間の浅はかさというものだと冷静に眺めています。そして内部のプロセス（＝人間の考え）もまた合理性からはほど遠いというある種の諦念（ていねん）を持っています。

　ラーニング学派（猿）も同様に外部世界を操作できるとは思っていませんから、右上に位置づけられます。ただし「だからこそ学習が大切」と考える点において、人間に対してやや楽観的といえるでしょう。

　パワーは自然な人間らしさといえますから、パワー学派（ライオン）のうち、組織内の力関係に焦点を当てるミクロのアプローチもふくろうや猿の近くにいます。それに対して、組織が及ぼす力に焦点を当てるマクロのアプローチでは外部をある程度管理できるものと見ています。

　エンバイロメンタル学派（だちょう）は、外部については「全く予測不能」と考えていますが、その一方で「自分たちは環境変化には対応できる」と信じているわけですから、内部プロセスについては合理的なものと見ていることになります。

　それではコンフィギュレーション学派はどうでしょうか？　もちろん「ほぼ真ん中」です。

　こうして10の学派を並べてみて気がつくことがあります。

　蜘蛛、リス、水牛あたりまでは典型的な戦略論なのですが、狼はリーダー、ふくろうは人間の認知、猿は組織学習、ライオンは組織内のパワー、孔雀は組織文化、ダチョウは組織の環境対応、カメレオンは組織構造の話だということです。

　戦略論を並べていくと「つまるところ人と組織」になってしまう——私にはそのように見えて仕方がないのです。

S-インタビュー
池上重輔～結果の出る戦略を考える

経 歴:

BCG（ボストン コンサルティング グループ）にて、戦略立案・実行支援に従事し、消費財から産業材まで幅広い分野を担当。マスターフーズ（M&M MARS 社）の「カルカン」「ペディグリーチャム スナック」のブランドマネジャーとして猫・犬と主婦の気持ちを研究。

英国の GE（ゼネラル・エレクトリック）ヨーロッパにおいてプロダクト・マネジャーをつとめた後、ソフトバンク EC ホールディングスにて新規事業のディレクター。また、ニッセイ・キャピタルにてチーフベンチャーキャピタリストとしてベンチャー企業の投資・育成に注力した。

早稲田大学 大学院商学研究科 客員准教授を経て、2013年より早稲田大学ビジネススクール研究センター准教授。EU のエグゼクティブ・トレーニング・プログラムのアカデミック・コーディネーターをつとめる。

Photo: Y. Nakatani

Q：いきなり核心ですが、戦略づくりにおいて１番大切なことは何だと考えられていますか？

　戦略はシンプルなものでなければならない──それに尽きると思います。実行されない戦略には意味がありません。「要するにわが社の戦略は何なのか」ということがシンプルに語れなければ、従業員やパートナーに理解されません。理解されなければ、実行に移せません。

　精緻さよりもわかりやすさが大切です。この本のＳの章には９つの戦略的意思決定のものの見方が並んでいます。必ずしも論理的な順で並んでいるわけではなく、覚えやすさを優先しています。実際に使ってもらうために覚えやすく配置するという、ひとつの戦略だと思います。

　気をつけなければならないのは、戦略にはシンプルさが大切だからといって、それを考案するプロセスが単純ではないことです。だからこそ、数多くの戦略プロセスのフレームワークが存在するわけです。

　ところで、「正しい戦略」と「結果が出る戦略」では、どちらが優れているのでしょう？　哲学問答のようですが、正しい戦略を目指して「失敗する経営」になってしまうことも多いのです。

　大企業の経営企画部では頭のよい人たちが集まって戦略を練っています。そうすると、考えすぎて精緻さと包括性を追い求めてしまう傾向があります。あちこちに配慮すると、最終的に出てきた戦略は「環境に合わせて適切に対応しましょう」といった焦点の定まらないものになりがちです。あるいは「こういう状況ではこうして、ああいう状況ならああして」といった複雑な戦略になってしまいます。

　ひとりで行うのであれば、複雑な戦略でも実行できます。けれども皮肉なことに、組織の規模が大きくなればなるほど、戦略にはフォーカスやシンプルさが必要になるのです。従業員やパートナーが理解できないほど複雑な戦略は、結局組織として実行できないからです。

Q：戦略の要諦はシンプルであることで、「正しい戦略」よりは「結果の出る戦略」が大事ということですね。両者を兼ね備えた戦略の例としてはどのようなものがありますか？

あまりにも有名な話ですが、やはりジャック・ウェルチが CEO だった頃の GE でしょうか。私はその頃 MBA のプレイスメントとして GE ヨーロッパで働いていましたので、組織の内部から観察していました。そのため GE の事例を使いがちなのですが、この戦略は外部の方にもよく記憶していただいています。

ジャック・ウェルチの戦略は単純明快です。「市場でナンバー1かナンバー2のものだけ」——この割り切りは大変なものでした。たとえ利益が出ていても、たとえ売り上げが伸びていても、たとえ市場に将来性があろうと、ナンバー1かナンバー2でなければ社内に置かないのですから。

これが「正しい戦略」だったかというと、それはわかりません。批判しようと思えばできます。例えば GE は IT の分野では市場を制覇したわけではありません。もしかしたら「1番か2番だけ」という戦略があったために、GE は大きなビジネスチャンスを逃したのかもしれません。

けれども結果を見ると、GE は継続的に利益を出していました。つまり、GE にとって「1番か2番だけ」は「正しい戦略」かどうかはわからないけれども「結果が出る戦略」であり、何より「わかりやすい戦略」でした。

振り返ってみると、前向きな印象を持たせながらビジネスのリストラクチャリングを行うための理由になった面もあるかも知れません。でも、この戦略はわかりやすく、なにより他の企業には追随できない独自のものでした。例えばジャック・ウェルチ時代の GE の M&A を考えてみましょう。この場合は、売る場合であっても買う場合であっても戦略の方針が貫徹できます。なぜならば市場で1位か2位でなければ利益が出ていても「売る」と決まるわけですから具体的な意思決定とアクションにつながります。また儲かっているビジネスを売るのですから高い値がつきます。GE が買う立場のときはどうでしょう？　そもそも自社が1番か2番であるような市場で3位以下の企業を買うのですから、必要な投資額も低く抑え易い

ということになります。

　もっともGEではCEOも交代し基本戦略も変わっていますから、現在でもそれが言えるわけではありません。ただ、戦略はシンプルであることが1番だということに変わりはありません。シンプルな戦略とは、他社との本質的な違いをひとことで明確に言えることですが、それをストーリーが支えていると更に強いものになります。2つをあわせて「シンプルにストーリーを語ること」ができればベストです。

　ただ気をつけて欲しいのは、字面は単純でも曖昧だとシンプルな戦略とはいえないということです。先ほど「環境の変化にうまく合わせる」というのを焦点の定まっていない戦略の例としてあげました。まず「うまく」とはどんな風にすることかわかりません。次に「環境の変化」とは具体的に何をさすのかも不明です。そして「合わせる」とは何をすることかについても語られていません。実際にこの戦略風のものを実行しようとすると、どこから手をつけていいかわからなくなります。

　キーメッセージがシンプルでなければ、組織のメンバーに理解も共有もされませんから、オペレーションは回りません。その意味でも「戦略」と「人材・組織」と「オペレーション」は三位一体のものです。つまり、WhatとWhoとHowは相互に関わりあっているのです（S-2参照）。

　人と組織とオペレーションが一体になると、戦略を中心にすべての組織プロセスや意思決定が行われるようになります。「7つのS」で説明してあるように、戦略・組織・制度・スタッフ・スキル・スタイル・シェアドバリューがうまく噛み合っていくようになり、本当の意味で強靭になるのです（S-7参照）。

シンプルで結果の出る戦略にするためには、何を選び何をあきらめるかをはっきりさせなければなりません。そのような意思決定が「戦略的」といえるのです（S-2参照）。

Q：結果がでる戦略にはシンプルさが必要であることはよくわかりました。日本でよい事例がありますか？

　宅急便のヤマト運輸を中心とするヤマトグループでしょうか。ヤマトの戦略は「現場起点の小口配送」です。現場とは運転と配達を行う「セールスドライバー（SD）」のことで、彼らが鍵を握っています。SDに権限委譲して顧客対応のマルチタスクを果たしてもらっているわけです。

　よく知られたヤマトの社訓（1931年制定）の最初の1行は、たいへんシンプルな「ヤマトは我なり」というものです。この言葉は、権限委譲とは何かを雄弁に示しています。ヤマトでは、SDが顧客と直接向かい合っている現場で行う判断を最大限に尊重しています。「自分自身がヤマトである」という考え方が徹底されているから、自分で判断できるのです。現場での裁量の大きさがヤマトの強みです。

　この言葉は社員の「和」の力がグループとしての力であるということも示しています。この本の「はじめに」で「1人は皆のために、皆は1人のために」というラグビーのスローガンが紹介されていましたが、ヤマトは我であるということは、我はヤマトであるということでもあるのです。

　日本を代表する企業と誰もが認めるトヨタの場合は、ある意味で総合的です。しかし、「現地・現場・現物」という基本戦略は明快です。オペレーショナル・エクセレンスの徹底的な追求が戦略になっているわけです。

　工場での精緻な生産システムの考え方が経営の隅々にまでいき渡っている体質的な強さは他の企業が一朝一夕で追いつけるものではありません。あくまでもそれが基本で、その結果としてコスト・リーダーシップ戦略を取っているということになるのだと思います。

　それに対して多くの日系企業、なかでも総合的な商品ラインアップを扱う会社では戦略を絞り込むことに苦労している例が見受けられます。

大企業では複雑な商品構成となっています。そして商品ポートフォリオのひとつひとつに対して戦略を持たなければなりません。なおかつそれぞれの商品について「場合分け」が行われていきます。例えば、規模の経済が効く商品については重点的な設備投資を行う、差別化が効く先端的な分野では商品開発で勝負する、人海戦術が効く分野においては営業の人員を厚くするなど。さらに地域についての細分化が行われます。先進国に対してはこのような戦略とする、新興国ではこのような方針で臨む、ただしこの国は例外といった具合に。こうして細分化が進んでいくと、シンプルさからはかけ離れた戦略ができあがってしまうのです。

Q：日本の企業ではなぜ明快に戦略を打ち出すのが難しいのでしょうか？日本に独特な文化と何か関係しているのでしょうか？

　日本に限らず明確な戦略を言葉で表現するのは難しいことです。まして未来に向けての変革を伴う戦略を言語化するのは、容易ではありません。
　さらに日本に独特の「和」を尊重する文化に付随する難しさもあります。戦略とは何かを選ぶことであり、トレード・オフの関係にあるものの間で何かに優先順位をつけることです（S-1参照）。何かを選べば何かを捨てたり優先順位を下げたりしなければなりません。ところが、和の文化では、「このビジネスはもう追及しません」などと公言するのは簡単ではありません。日本でははっきりものを言うリーダーがあまり喜ばれないという空気があることも、和の文化に根ざしていると思います。
　それに対して「総合的な戦略」にしておけば皆に少しずつ花を持たせることができます。曖昧な戦略であればみな自分に都合よく解釈できます。「お、自分が関わっているビジネスも戦略の６番に入っているぞ」なんて。傷つく人が少なくて済むから好まれるわけです。
　まして、過去に一旦成功を収めた戦略は、それに合わせて組織や価値観も整合性を持って構築されているでしょうから、変えるのはますます難しくなります。戦略とはどのようなものだと考えているかという「見方」の

ことを「戦略観」といい、大きく２つに分けると「ポジショニング」と「資源ベース論（RBV）」になりますが、文化的な土壌に影響を受けるのです。

Q：ポジショニングを「自社が立っている場所に注目する立場」、RBVを「自社が持っている資源に注目する立場」と考えてみることもできるのでしょうか？

　もっと複雑に分類することもできますが、実務家を育てることを目的とするビジネススクールにおいては、まず「立っている場所」と「持っている資源」の２つから考えることが多いです。
　「４つとせ」のPPM（S-4参照）や「５つとせ」のファイブ・フォース（S-5参照）は、ミンツバーグの『戦略サファリ』においては「ポジショニング学派（水牛）」に含まれています。ところがアントレプレヌリアル学派（狼）、ラーニング学派（猿）、カルチュラル学派（孔雀）あたりではぐっと組織寄り、つまり資源ベース論的になります。例えば組織のリーダーがどんな優れたビジョンを持っているか、組織がどの程度の学習能力や文化を「持っている」かが大切になります（S-エッセイ参照）。

Q：どのような戦略を立てるかという問い以前に、そもそも戦略というもの自身をどのように捉えるかという大前提が異なるということですね。

　ストラテジーを考えるに際に「立っている場所」と「持っている資源」の2つの見方ができるのは、「そもそも会社とは何か？」という問いに対する答えが異なるからだと思います。

　「会社とは機能である」というのがひとつの答えです。自社が市場のどこに立っているのかを広い視点から見るポジショニング学派の発想の原点には、企業は利益を得るための機能集団であるという考え方があります。つまり「会社とは資源を最大化するための束（バンドル）である」と見ているわけです。そこから出発すると、一番稼ぎやすいポジションに陣取っていくことが最重要で、そうでないならさっさと動けとなるのです。

　厳密な議論ではありませんが、その背景にはイギリスの政治思想家であり哲学者であるトーマス・ホッブズ（Thomas Hobbes）の「リヴァイアサン」の社会観が影響している気がします。ホッブズは人間の自然なありようを個人同士が権利を行使しあう「万人の万人に対する闘争」であると考えました。そのような社会に対する大前提から産業経済学が生まれ、その分野からポーターのポジショニングの考え方が生まれました。

　それに対して日本では暗黙のうちに会社を「共同体」とみなしています。日本の企業の理念に「社会に価値をもたらす」とか「社会に貢献する」といったものが多い背景には、会社は社会の一部であり会社は共同体だとする発想があるわけです。日本の企業の考え方が資源ベース論に馴染みやすいのはそのためです。ところが、「わが社が持っているもの＝戦略」という資源ベース論的な考え方にとらわれすぎると、事業を切り捨てたり人を切り捨てたりすることは良くないことになり、事業のリストラも人のリストラもしにくくなってしまいます。

　「立っている場所」と「持っている資源」のどちらに注目するのが正しいかというよりも、そのような根本的な発想の違いがあるということを知っておくだけで、より健全な判断ができると思います。

Q：戦略は実践の問題。つまり実行してなんぼ、結果が出てなんぼです。それでも戦略を学ぶということにも意義があるということですね。

　戦略のなかには『戦略サファリ』で示されているようにさまざまな学派があります。学派の違いは、既に述べた戦略観の違いです。見方の違いと言ってもよいでしょう。それを知ることが、戦略のフレームワークを学ぶことの１番の意義ではないかと思います。なぜならば、自分が考えたり行ったりしていることの前提がわかるようになるからです。

　誰しも気づかないうちに何らかの前提を置いて議論を行います。しかし、自分が置いている前提を認識することはできません。例えば、日本人や日本企業には、独特の考え方の「くせ」があります。暗黙のうちに会社は共同体だという前提から出発していて、資源ベース論的な考え方を当然のものと想定してしまいがちです。日本の企業の経営者は「私は資源ベース論的に経営をしています」などと言いませんし、思ってさえもいません。「わが社の戦略は資源ベース論に基づいて・・・」と書いてある企業理念を見たこともありません。でも、暗黙の前提が資源ベース論的なのです。

　戦略のフレームワークを学べば、戦略論として自分が立っている場所がわかります。そのような考え方自体、複数の見方をポジショニング的に捉えているということになります。異なる前提のフレームワークを足すだけで見方は増えていきますので、最終的にはシンプルな戦略にたどり着くとしても、ずっとよく練り上げられたものになります。想定外の落とし穴にはまる危険性も減ります。つまり「使える戦略ツールを増やそう」ということは「新しいものの見方を身につけよう」ということと同義なのです。

　この本では戦略の枠組みが１から９までの「かぞえ歌」で並んでいます。そのような形で見方を増やすのは、それ自体意味のあることだと思います。次のステップとしては、見方同士がどのように関係しあっているのかを「体系」として理解していくと、更に深みが増すと思います。

Q:「デルタ・モデル」について補足をお願いできますか？ とくに、システム・ロックインは日本人が不得意な戦略のような印象を受けるのですが、いかがでしょうか。

　最初にデルタ・モデルの基本的なものの見方について説明します。このモデルの特徴は「何における経済性を重視するのか」の選択肢を提供していることです。「プロダクトの経済性」「顧客の経済性」「生態系の経済性」の３つです。このモデルの土台にはポジショニングの考え方がありますが、それだけでは語りきれないものがあるので、新たな見方を付加したと考えてもらっても良いです。

　デルタ・モデルで示された「３つの角（S-3参照）」のうち、下にある２つの角はポーターの戦略を分解したものといえます。右下の角は、プロダクトの経済性です。商品の差別化とコスト・リーダーシップですから、まさにポーターの言う戦略です。

　ポーターはもうひとつ「集中」ということを言っています。製品・顧客・地域などで集中しろと言っているわけです。特定の顧客にフォーカスするとデルタ・モデルの左下の角になります。英語で言うと「トータル・カスタマー・ソリューション」ですが、これを和訳する際にとんでもない間違いをしてしまいがちですので注意が必要です。「すべてのお客様のすべてのニーズを満たす」と誤って考えてしまうのです。

　実際にはそうではありません。むしろ顧客を選ばなければなりません。「選んだ」顧客に対して「すべての」つまりワンストップでニーズを満たしていく、ということです。「トータル・カスタマー・ソリューション」は「オール・カスタマー・ソリューション」ではないのです。

　収益性を考えるのであればお客様に優先順位をつけることは大切です。同じ業界にいる会社で、お客様対応に「松竹梅」があるＡ社とどんなお客様も平等に扱うＢ社とでは、どちらの収益性が高いでしょうか？ 多くの場合はＡ社です。つまり、左下の角には「セグメンテーション」や「ターゲッティング」というマーケティングの原則が入ってくることを忘れないように──これがこのモデルの「使用上の留意点」です。

ただしどちらのほうがより広く「好かれる」かというと、話は別です。継続性という観点からは、すべての顧客を平等に扱うほうに軍配が上がります。誰しも状況の良いときも悪いときもあるからです。Ａ社のように対応すると、状況が悪くなると優先順位が低いものとして扱われた顧客が手のひらをかえすように離れてしまうことがあります。それに対して、たとえ調子が悪い時期であっても持ちつ持たれつの関係を続ける会社は、長生きする傾向にあります。日本にはたくさんの長寿企業がありますが、顧客を明確にランク分けしないことが長寿の秘訣といえるかも知れません。

　しかし、ここにもまた日本の企業独特の隠れた前提があります。つまり、日本では「歴史が長いことは良いことだ」と暗黙のうちに想定しているのです。それに対して「新陳代謝していくことが良いことだ」という考え方も成り立ちます。なにごとにつけ「若い」ことに価値を置くアメリカは、その典型です。長い伝統が良いと無条件に思っているわけではないのです。

　最後にシステム・ロックインです。「生態系をどう満たしていくのか」を考えることです。提供する商品やサービスが１番安かったり１番付加価値があるものであったりしなくてもよい──むしろ「全体としては」良い状態にあればよいと割り切ることです。１番よいものでなくても何らかの理由で「みんなが使っている」ものは、そのことで利便性があります。そのような状況をうまく利用したり創り出したりするということです。

　数多くのサプライヤーとバイヤーがいる「場」を提供できている状態も、システム・ロックインです。新規参入を阻んだり意図的に代替品へのスイッチングコストを大きくしたりするのもシステム・ロックインの手法です。誰でも、あるいは自分の意図通りに、さまざまな偶然が重なって、自分が有利な場所にいることがあります。一旦優位性を獲得したらそれをいかにうまく使いきるかを考えることがポイントです。

　自分たちの仲間には蜜を吸わせるけれどもそこから出るひとには厳しくするのもロックインを確実にしていく方法です。デルタ・モデルでは、システム・ロックインの追求するプロセスにおいては競合の可能性がある相手を徹底的に排除せよと明示的に言っています。単に味方にベネフィットを与えるだけでなくて、その企業の競争優位性を脅かす可能性のある組織

に対して徹底的にペナルティーを与えたり攻撃したりするグローバル企業もあります。将来強力なライバルになる可能性のある企業を「潰すために買う」ことさえあります。生態系を完全なものにしていくためです。

　日本の企業にはせっかく競争優位性があってもそれを活用するマインドセットが弱いように思います。数少ない例外だと思えるのは、楽天です。楽天のなかでしか使えないサービスを増やし、場の中にいる人たちには便宜があり場の外に出たら便宜がないようにしていっているのだとすれば、楽天はシステム・ロックインを追及しているということになります。一旦ロックインされてしまうと、顧客も出店者もその世界の中でしかゲームはできないのです。

　システム・ロックインの考え方にも、暗黙の大前提があります。それは、ビジネスはゲームだということです。ゲームの主役になり勝者になることがビジネスの目的だということです。あるいはゲームの胴元を目指してもよいでしょう。更にはゲームのルール自体の作り手になることを画策して、真の勝者になることを目指します。

Q：戦略というものをそもそもどう捉えるかという点で、人間観の違いが反映されているのですね。そのような違いを乗り越える方法はあるのでしょうか？

　人間観の違いがあるという点については、まったくその通りですね。私が「アメリカらしいなぁ」という印象を持つのは、「世界を変えてやろう」というスローガンです。イノベーションで急成長する企業によく見られます。個人であっても企業であっても、世界を変える野心があるのです。しかしこのスローガンを冷静に眺めてみると「世界を良くしよう」とは言っていないですことに気がつきます。

　それに対して日本企業はどうでしょうか？　日本で「何をしたいのですか？」と聞くと、「貢献したい」という答えが返ってきます。これも、組織は共同体だと無意識に思ってしまっていることの証左です。そして、日本だけでなく世界でもその価値観が共有されていると思ってしまっています。

企業のスローガンでも「科学と技術で社会に貢献します」といったようなことを掲げがちなのはこのような前提に基づいているのです。そして、地道に努力をしている間にルールを変えられ、世界を変えられ、システムにロックインされてしまうのです。

　私は、戦略の前提には性善説と性悪説があると思っています。性悪説側には「万人の万人に対する闘争」に源流を持つ戦略があります。性善説側には「社会に貢献しよう」「みなで分かち合おう」からきている戦略があります。戦略をつくるときの「世界観」がちがうのです。

　そして異なる世界観を理解すると同時に、自分の組織が持っている世界観と戦略論がどれだけ適合するかについて考える必要があると思います。また、業界特性ととるべき戦略の適合性もあります。

　ハーバード・ビジネス・レビューで『適応力の競争優位』を書いているマーチン・リーブス（Martin Reeves）は BCG の私の元上司なのですが、「戦略に対する戦略が必要である」と言っています。どんな状況ではどんな戦略が適合するのか、戦略アプローチ自体を選択せよという意味です。それを知るためにも、ツールを増やし、世界観を広げ、違いを乗り越える必要があると思います。

　戦略に関わる世界観のマップをつくるうえでは、リーブスは２つの軸を提示しています。

　１つめは、「将来予測の可能性の程度」が高いか低いか。

　２つめは、「自分たちが将来に影響を及ぼせる程度」が高いか低いか。

　その組み合わせにより、より具体的な計画やシナリオを持っていたほうがよい場合とより創発がフィットする場合に分かれます。

　『戦略サファリ』の10の学派も同様の縦軸と横軸を組み合わせたマトリックスにプロットされます。実務に携わる人が10の学派すべてを勉強する必要はないとは思いますが、大切なことは戦略はひとつの流派だけではないということです。複数知っておいて自分の見方を相対化することで、自社に最も適合した戦略観を選ぶことができるのです。

Q：最後に読者の皆さんに学習上のアドバイスをいただけますか？

　この本でいくつかのフレームワークに触れたことをひとつのきっかけとして、ぜひ戦略を学んでみて欲しいと思います。ポジショニングなり資源ベース論なりの特定の世界観を深く学ぶのもよいと思いますが、その前に「地球には大陸が５つあるのだ」といったように全体を見渡してバランスの取れた世界観を獲得して欲しいと思います。ミンツバーグの戦略サファリなどを通して頭でより理解しても良いと思いますし、「かぞえ歌」にある道具を実際に使ってみても良いと思います。

　そのあたりをマスターしたら、競争戦略とは別のアプローチとしてW.チャン・キム（W. Chan Kim）の『ブルー・オーシャン戦略』なども併せて読んでみてはいかがでしょうか？　組織的に市場創造を行うことについて書かれた本です。この本の副題は「競争のない世界を創造する」。かぞえ歌に入れるとすれば、S-0ですね。

M

モチベーションのかぞえ歌

M-1：ひとつとせ
１歩目を踏み出す～五分五分が１番

　モチベーション（motivation）は、実に不思議な現象です。

　モチベーションが湧かなければ、最初の１歩を踏み出すことさえできません。ところが、ふとしたきっかけで突き動かされるようにして初速がつくと「やめられない・止まらない」状態になります。

　人材マネジメントの要諦のひとつは、部下の心に火をつけその状態を維持する――つまりモチベーションのマネジメントにあります。

　自分のモチベーションでさえマネージすることは難しいのですから、ましてや他人のモチベーションは手に負えません。モチベーションは、「取り扱い注意（Handle with care）」。それでいて生産性に直結します。モチベーションは典型的なマネジメントの問題です。しかも、もっとも人間的な。

　このモチベーションという現象について、「それは一体何なのか」「なぜ起きるのか」「どうすればマネージできるのか」と考えることは、面白いものです。またこのテーマについて経営者の観点（動機づける側）と従業員の観点（動機づけられる側）の双方からじっくり考えていくことには、経営的な意義もあります。モチベーションは考え甲斐のあるテーマですが、この「甲斐」もまたモチベーションの一種です。

　目標に関連するモチベーションの１つにより高い成果を出そうとする「達成動機」があります。達成動機が１番強くなるのは、これから行おうとしていることの成功と失敗の確率が「50：50」に思える時です。

　達成動機がどのようなものかを観察するには、「輪投げ」を使って実験することができます。実験といっても、ごく簡単なものです。誰かに輪投げのリングとポールを与えて、好きな場所から投げてくださいとお願いするだけです。もちろん、自分で試してもかまいません。

ポールを遠くに置くと輪がほとんど入らないのでヤルキは起きません。さりとて至近距離に置くと苦もなく入ってしまうのでこれまたヤルキが湧きません。多少の個人差はあるでしょうが、ヤルキはその中間のところで起きます。人は入るか入らないかの確率が「50：50」となるような絶妙の距離を自然にとって、そこから投げるのです。（ゴミ箱をバスケットボールのゴールに見立てて紙くずをシュートするとき、わざわざゴミ箱をちょうどよい距離の場所に置き直した経験がありませんか？）

　この実験には補足として大切なことが２つあります。

　ひとつは、輪投げが上手く入るかどうかは「自分の腕次第だ」ということです。もうひとつは、「結果が見える」ということです。

　「入りそうで入らない、入らなさそうで入る」——輪投げに限らず、そのようなものがあれば人は思わず試したくなります。50：50であること自体に人間は反応するのです。

　このシンプルな実験には、経営の場面に応用できるたくさんのヒントがあります。まず、仕事をする上での目標を設定するにあたっては、メンバーのひとりひとりにとって「成功確率50：50」と思えるようなところに定めるのが効果的だということです。

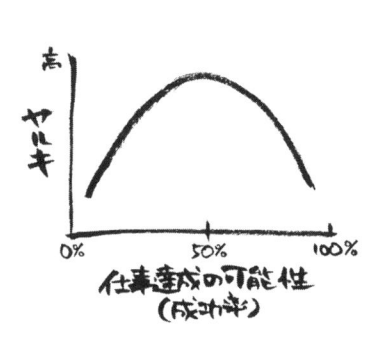

つまり、適切な目標の設定自体がモチベーションを高めるのです。「仕事の目標は背伸びをすればぎりぎり手が届くあたりに置くのが良い」というのも同じ理由によります。

　また、成功するかどうかが自分の能力と努力に結びついており、かつ結果が本人にすぐにフィードバックされるようなものであれば、ヤルキはもっと高まります。

　更に、輪投げの実験ではポールとの距離は自分で調整しているところもポイントです。子供の頃「勉強しよう」と意気込んでいたらお母さんに「勉強しなさい」と言われて一気にヤルキが失せた経験はありませんか？「自分でやろうと思っていたのに！」目標は「自分で立てたもの」であること、あるいはうまくそう思わせることが大切なのです。

　モチベーションは、火のようなもの。いったん点火したらあとは燃え続けるのですが、コツが要るのは点火です。燃焼とは、酸化反応によって熱が発生し、それが別の酸化反応を起こし、それによって熱が発生するという自己維持的な正のフィードバックが続くことです。モチベーションも同じで、最初の1歩が肝心なのです。いったん踏み切ることさえできれば2歩3歩と続けたくなるのは、「やった！→気持ちいい！→もっとやりたい！」という正のフィードバックが働くからです。

　モチベーションはいったい脳のどこから湧くのでしょうか？主として側坐核と呼ばれる部位かかわっており、脳の「報酬系」に関係しています。脳科学者の枝川先生に詳細を伺いますが（M-インタビュー）、脳の報酬系は「これから成功するかもしれない」とう期待に反応します。「かも」というところが大事です。余りに簡単でも余りに困難でも反応しません。しかし絶妙な「かも」があれば、最初の1歩にむけてのスターターとなり得るのです。

モチベーションを持ちたい人に立ちはだかる最初の壁は、最初の小さな1歩を踏み出せないこと。コタツの中に丸まって「私は本当は大きなことをしたい」とつぶやくのはモチベーションとは呼べません。大切なのは、実際にコタツから抜け出すこと。

　そのためには、まずは心に目標を描き、それが少し遠大すぎるように思えば「まずはここまで」と小分けにして可能性を50：50に感じることができるように調整してみることも効果的です（「おわりに」参照）。

　最初に1歩踏み出すこと自体を目標にしても構いません。マラソンに対してヤルキが湧かないなら、靴の紐をきちんと結ぶことが目標でも良いのです。あるいは「片づけ」が一大事業に思えるのであれば、「キッチンだけ片づけよう」でも良いですし、「皿を1枚だけ洗おう」でも良いのです。それなら確かに出来そうですし、きっと皿1枚では終わりません。

　自分が誰かのヤルキを促す立場にいる場合も同じです。背中を押す側にも、押すためのモチベーションが必要です。ヤルキのない人にヤルキを持たせるのはとても大変で、押す側のヤルキが萎えてしまいます。

　遠大な人材育成計画より、最初の1歩を踏み出させること。「目標に向けての1歩」ではなく「1歩目が最初の目標」。踏み出すことだけなら背中押す側も押される側も、何とか達成できそうに思えてきませんか？思えてきたのなら、その時点で既に点火されているのです。

M-2：ふたつとせ
２つの発と２つの要因～そしてバランス（アダムス）

　２は対。モチベーション理論においても、たくさんのペアがあります。この項では「内と外」「あったらプラスとなかったらマイナス」の２つの理論を紹介します。２はバランスも意味します。自分と他人を天秤にかけて「あほらしい！」と思ってヤルキを失うのはどんなときかについても考えてみます。

内発的動機と外発的動機

　モチベーションの日本語訳は「動機づけ」。なんともこなれない訳ですが「動く（move）」と同根で、「動機（motive）を与える」ということです。どこからヤルキが喚起されるか――自分の外なのか内なのか――によってヤルキは「外発」と「内発」の２つに分かれます。

　「彼は私を動機づけた（He motivated me）」とか「私は動機づけられた（I was motivated）」という表現は、日本語ではぎこちないのですが英語としては素直な表現です。動機づけという言葉自体、ヤルキが本人の外にある「アメとムチ」などの外発的（extrinsic）な要因によって引き起こされることを暗に示しています（M-Essay 参照）。外から動機づけるからこそ、金銭的報酬や評価制度や上司によるマネジメントが効果を発揮するのです。

　モチベーションのイラストを探すと、「にんじん」が出て来ることがあります。正確には、にんじんは外からの動機づけの元となる「インセンティブ」ですから、モチベーションとは区別する必要があります。インセンティブは、売上目標達成に対する奨励金のように営業現場で使われることも多いのですが、一般的には目標達成の刺激策のことで、より広くは行動や努力を一定の方向に向けさせる外発的動機を与える施策のことです（M-エッセイ参照）。

それに対して日本語でモチベーションやヤルキという言葉を使うときには、心の中にふつふつと湧き上がってくる前向きな感情を指すことが多いと思います。日本人はモチベーションをどちらかといえば内面の問題と捉える傾向が強いように思います。「やりたい！」「やるぞ！」——これが内発的（intrinsic）動機と呼ばれるものです。

このような感覚はもちろん英語にもあります。モチベーションの類語であるモーチブ（motive）という言葉は、「内部的な衝動としての動機」を意味します。もともとのフランス語のモチーフ（motif）は芸術における創作の動機となる題材のことです。人材を動かし駆り立てる内部的な衝動です。訳語として「積極性」があてられていることもあります。

2要因理論

「2」がつくモチベーション理論のなかで古典的なものは、アメリカの心理学者フレデリック・ハーズバーグ（Frederick Herzberg）の「二要因理論（two-factor theory）」です。ハーズバーグは、職務満足の要因を考える際に、「衛生要因（hygiene factors）」と「動機づけ要因（motivators）」の2つに分けて論じました。前者は「それがないと仕事上の不満足を引き起こす要因」、後者は「それがあると仕事上の満足を引き起こす要因」です。

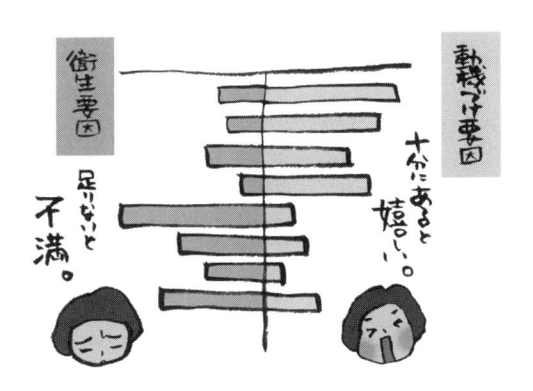

約200人の技術者と経理担当者に対して「仕事をするうえで、どんなことで幸福や満足に感じたか」あるいは逆に「どんなことで不幸や不満を感じたか」と質問したところ、異なる要因が観察されたというのです。

「衛生要因」に分類されるのは、「会社のポリシー（company policies）」「監督（supervision）」「対人関係（relationship）」「作業条件（work conditions）」など。「給与（salary）」もこのカテゴリーに含まれました。それらが不足すると職務不満足を引き起こしてしまいますが、それらを満たせば満たすほど満足感が高まるというわけでもありません。単に不満の解消にしかならないのです。

それに対して「動機づけ要因」には「達成（achievement）」「承認（recognition）」「仕事そのもの（the work itself）」「責任（responsibility）」などが含まれます。それらがないからといって不満を感じるとは限らないのですが、それらが十分にあれば仕事をするうえでの満足度は高まります。

もし「達成そのもの」が動機づけの要因であれば、上手に目標を細分化して何度も達成ができるようにする方法があります（M-1参照）。

42キロのフルマラソンを走れと言われて「それはちょっと…」と尻ごみしてしまう人も、4キロずつの小分けにすれば「ひとつやってみようか」と思えることでしょう。走ることは苦しくても、目標をひとつひとつクリアするのは楽しいもの。「やった！」と思う達成感を味わうと「もっとやろう！」と思えてきます。10分の1に分けた目標を10回達成すれば最初は無理だと思えたゴールにもいずれ到着できるのです。

2つのバランス―公平理論

　直接「2」という数字がつくわけではないのですが、ジョン・ステイシー・アダムス（John Stacey Adams）らによって提唱された「公平理論（または平衡理論：equity theory）」も2つのもののバランスが大切という意味で「2」に関わる理論だと言うことができます。この理論は、モチベーションはどのような時に下がるかについて注目したとても興味深い理論です。

　人はどんなときに一気にヤルキを失うでしょうか？　ひとつの典型的な場面は、何かについて「不公平だ！」と感じたときです。

　公平理論が示すのは、人間のモチベーションは「他の人と比べて公平である（と認識される）かどうか」に大きく依存していることを示しています。公平理論では「インプット」と「アウトカム」を想定します。

　インプットとは、自分が差し出したもの。配分した時間や努力あるいは資源です。コミットメント、ハードワーク、一所懸命さ、柔軟な対応、我慢、犠牲、情熱、信頼など、いろいろなものがインプットになります。アウトカムは自分が受け取るもの。給与、報酬、福利厚生、使える経費、刺激、認知、評判、褒め言葉、感謝など、これもさまざまです。

　公平理論のポイントは、人間はインプットとアウトカムのバランスにとても敏感だということです。しかも、人は何かと他人と比較しがち。その際「自分のインプット・アウトカム比率」と他人の「自分のインプット・アウトカム比率」を計算しているというのです。

　確かに「俺はこんなにインプットしてこの程度。あいつはあの程度のインプットであんなに！」と思うと、「あほらしい！」「やってられるか！」と感じて気持ちは急速に冷え込んでしまいます。その結果、多くの人はそれ以上の努力をしなくなってしまいます。インプットとアウトカムの関係が他人との比較においてほぼ釣り合うように、無意識のうちに辻褄合わせをして心のバランスを取ろうとするのです。

　人間は、アホらしさに耐え切れないのです。

M-3：みっつとせ
3つの見積もり（ブルーム）

見積もり次第でヤルキが変わる

　期待理論は、ビクター・ブルーム（Victor Vroom）によって提唱されました。ひとがやり甲斐を感じ努力をするプロセスとメカニズムに注目した理論です。ブルームは次のように感じることができる場合に、人間はモチベーションを感じて努力をすると述べました。

1．努力すれば　→　それだけ成果が上がる
2．成果が上がれば　→　それだけアウトカム（もらえるもの）が増える
3．もらえるものは、自分にとって魅力が大きいものである

　努力と業績の間にある矢印を「エクスペクタンシー（expectancy：期待値）」といいます。「手応え感」といっていいかも知れません。簡単な例をあげると、ビラを撒けば撒くほど売れるのならヤルキが湧いて、明日の朝はもっと早起きしてもっとビラを撒こうと思うでしょう。

　ところが、ものごとはそれほど単純ではありません。努力と成果は必ずしも比例しないもの。内心では「果たしてその甲斐があるかなぁ」と考えます。自分にスキルはあるのか、使えるリソースはあるのか、サポートは得られるのか・・・素早くチェックして心の中でGoサインが出ると「まぁやってみるか」となります。「努力即業績」の直結感が強いほど矢印は太くなり、惜しむことなく努力するようになります。

　しかし、人が手応え感だけでいつまでも働くと思うのは甘すぎます。成果が出ても自分に何も良いことがないのであれば「あほらしい」と感じて努力を手控えてしまうのが普通だからです（M-2参照）。

　アウトカムは文字通り「出て来る」ものですから、要するに「もらえるもの」。業績とアウトカムの間にある矢印を「インストルメンタリティー（instrumentality）」といいます。専門書では「用具性」と訳されていますが、そう言われても意味不明だと思います。例えば「業績を

ボーナスに変換する装置」をイメージしてみてください。その装置が信頼に足るか、かなり気になりませんか？　例えば「報われ感」と超訳することもできるかもしれません。

　成果と業績とアウトカムとの間には明快な関係があるのか——人はその矢印も抜かりなくチェックします。評価者は信用できるのか、評価プロセスに透明性はあるのか。「まぁ大きな問題はなさそうだ」と思えると努力をします。「成果即もらえるもの」という直結感が高まれば、矢印が太くなって努力し甲斐を感じ「おれはやったぜ！」より強く思えることでしょう。しかし、それだけで十分でしょうか？　もし、もらったものがつまらないものだったら？

　もらえるものの主観的な価値がバレンス（valence）です。「誘意性」と訳されます。「どのくらい自分にとって価値があると思えるか」ということです。「惹かれ感」ではどうでしょう。同じものをもらっても、どの程度心惹かれるかどうかは人次第でしょう。営業所で「あと少しで目標達成したら、週末は温泉に連れていってやる！」と所長が叫んでも、「週末は家にいたいので、社内旅行は勘弁して欲しい」と思う人が多ければ、むしろ逆効果です。仮に手応え感と報われ感の2本の矢印が極太だったとしても、その先にぶら下がっているものに魅力を感じることができなければ、目標に向かって走る気にはなれないのは当然です。

期待理論は、「バレンス（惹かれ感）」「インストルメンタリティー（報われ感）」「エクスペクタンシー（手応え感）」3つの見積もりの頭文字をとって「VIE理論」とも呼ばれます。3つが揃うと、人は最大限の努力をします。そして、ここで大切なのは、VとIとEはいずれも「感」（＝自分はどう感じるか）であるということです。

VIEの「3つの見積もり」は、実務的に応用できる理論です。

まず、惹かれ感（V）が高いと思えるようにしてあげることです。

給与・賞与など現金の場合はもちろんバレンスは高いのですが、褒美の形で与えるときにはよく考える必要があります。上司がお礼の気持ちで食事に誘うのは…これはちょっとビミョーです。

意外と難しいのが昇進です。稀に昇進を有難迷惑と思う人もいるからです。仕事の割り当てについてはよく考えければなりません。周囲が良かれと思って新しい仕事を割り振っても、本人の希望と異なれば良い結果になりません。何が本当に欲しいのか、相手の本音をよく聞くことが肝要です。

次に、報われ感（I）の矢印を太くすることです。

どんな成果であっても皆同じ評価や報酬の「悪平等」では報われ感は高まりません。Iのもとは信頼です。評価制度の精度を高めたり運用上の透明性を高めたりすることが有効なのは、会社に対する信頼が高まるからです。成果や進捗がちゃんと書類に残してあるとさらに安心です。また、リーダーに対する人間的な信頼があると、報われ感はぐっと高まります。

残るは、手応え感（E）です。

手応え感の見積もりを高めるためには、必要なリソース（部下、予算、資材等）を与えたり困ったときにアシストしたりする準備があることを伝える方法があります。また、目標がクリアであり、どうすればよいかがわかっており、フィードバックが得られることなどが確認されれば、このメカニズムを通して人は「努力し甲斐がある」と感じます（M-1参照）。

相撲では、勝てばその場で「ごっつぁん」です。惹かれ感（V）は高く報われ感（I）の矢印も極太。日々の稽古が白星につながると確信できる手応え感（E）を高くすればよいのです。V/I/Eの三役が揃えば、ぶつかり稽古にもおのずと力がはいろうというものです。

モチベーション3.0

「3」にまつわるヤルキの理論をもうひとつ。「モチベーション3.0」は、ダニエル・ピンク（Daniel Pink）の書籍のタイトルです。

「モチベーション1.0」は、生存や安心に基づく動機づけです。そんなものさえ十分に満たされない会社があるのか？と思う人もいるかも知れませんが、いわゆる「ブラック企業」はこの点からの問題提起と考えることができます。生存や安心が満たされなければ「もう限界かもしれない…」と思ってしまうでしょう。

「モチベーション2.0」は、飴と鞭（M-エッセイ参照）による動機づけ。期待理論は報酬に関する理論ですから、モチベーション2.0のメカニズムを詳細に分析したものといってよいでしょう。

「モチベーション3.0」は、挑戦し達成し成長することに向けてのドライブからもたらされる、内面からの動機づけ。2つの「発」のうちの内発的要因に近いものです（M-2参照）。

ピンクの議論では「モチベーション3.0」は新しいヤルキの型であるかのように言われていますが、実際には高度経済成長期やそれに続く時期の日本にはそれに類するものがあったように思います。私は1980年代の前半に自動車会社で仕事を始めましたが、仕事そのものが楽しい時には文字通りスキップして会社に行ったこともあります（もちろん毎日ではありませんでしたが）。

むしろ日本の「失われた20年」の閉塞感の正体は、「モチベーション3.0」によって駆り立てられるような機会が減少してしまったことにあるのではないか——私にはそうとも思えるのです。

M-4：よっつとせ
4つの源から湧く自己効力感（バンデューラ）

ヤルキの素のひとつは「私はできる！」という気持ちです。日本語では「自己効力感」、英語では「セルフ・エフィカシー（self efficacy）」と言います。1977年に心理学者のアルバート・バンデューラ（Albert Bandura）によって提唱されて以来数多くの研究が進められてきました。

バンデューラによる定義は、自己効力感はまず「自分の能力に関するビリーフ」であるということです。ビリーフは「信念」と訳されるのが普通ですが、単なる「思い込み」の場合もあります。そのビリーフは、「ある結果をもたらすために、自分は何とかものごとを組織だてたり遂行したりできるだろう」というものです。要するに、「私は何とかやれると思う」とか「私はきっとできる」といった気持ちです。

自己効力感がどの程度高いかによって、世界がどう見えるか、実際に自分がどのような選択をするかなどに影響を与えます。そして、ヤルキがどの程度湧くかにも。

バンデューラは、自己効力感に変化をもたらす源（source）には4つの種類があるとしました。4つの源に対して上手く働きかければ、自己効力感を高めることができ、その結果モチベーションを向上することができるというのです。

☐ 第1の源：制御体験（mastery experience）

　ものごとを最後までなし終えた経験があると「また次もうまくやれるだろう」と思うことができます。成功や達成の経験が蓄積されていくと、「たいていのことについては、私はできる」という確信は揺るがないものになっていきます。そう思っているとさらにものごとがうまく行きます。

　どんな制御体験が自己効力感に効果があるかというと、まず難しい課題を克服した経験。特に自分が主体となって行動した結果成功した経験は「私はできる！」という気持ちをぐんと高めます。

　そうはいっても過去と現在では状況が違うもの。ところが、状況がどの程度似ているかに関しては、必ずしも影響を与えないのだそうです。つまり、人間は過去の成功体験を「その状況だったから出来た」と思うのではなく、「自分だったからできた」と思うということなのかも知れません。

☐ 第2の源：代理体験（vicarious experience）

　代理体験は自分が他の人をモデルとして観察して獲得する認識です。つまり、人が努力して成功しているのを見れば、「私だってできる！」と思えるということです。

　人間は誰しも身近な人の経験を「わがこと」のように感じるものです。どんな代理体験が自己効力感に効果を与えるかというと、まず自分とモデルとするひと自分と近かったり似ていたりすることです。

　知らないひとができるのを見てもなかなか「わがこと」にはなりません。それに対して、身近な仲間ができていれば自分もできると思えるのです。

　そして身近さの度合いが高ければ高いほど、まわりの成功体験が自己効力感を高めるとされます。逆にいえば、身近でなければそれほどの効果はありません。

　クラスの皆が跳び箱を跳べば、まぁ自分にもできるだろう、やってやろうと思えるでしょう。同じ部署の人が賞を取れば、私もひとつと思うでしょう。それが共に学ぶ教室や共に働く職場が持つ魔法の力なのです。

☐ **第3の源：社会的説得（social persuasion）**

「きみならできる！」と言ってもらうことです。特に、なぜできるのかその理由を説明してもらい納得できると「その気」になれます。必ずしも事実に基づかない説得でなくてもよいのです。その気になったことが原因となって実際に「できた！」となれば結果オーライですし、高い自己効力感を持つことは実際にその確率を高めます。

典型的な事例として、自転車の練習があります。多くの子供たちは最初「自転車なんて乗れるはずがない」と主張します。それに対してお父さんは「まぁそう言わず、乗ってみなさい。きっと乗れるよ。お父さんが後ろを支えて一緒に走ってあげるから、大丈夫」。実はこっそり手を離します。そして最後に言うのです。「もう乗れてるよ！」

「自分は自転車に乗れる！」——そんなセルフ・エフィカシーを感じることができると、子供たちはもっと練習したくなります。結果的に能力が上がります。そしてもっとセルフ・エフィカシーが向上します。嬉しくて調子に乗ってそのままどこまでも行ってしまいます。日暮れて家に帰ってくる頃には、自信満々の自転車乗りのエキスパートになっていることでしょう。

このような社会的説得は、説得される側が説得する側（多くの場合は上司や先輩）に対して尊敬や信頼の念を持っているかどうかによって影響されると言われています。自分が尊敬したり信頼したりできる人から励まされれば素直に聞くので自己効力感は高まるけれども、そうでない人にいくら励まされても却って嘘くさく感じて効果がないのです。

☐ **第4の源：心理的・感情的状態（psychological / mood status）**

自己効力感は決して安定したものではありません。体調や気分からの影響を大いに受けます。朝起きて調子が良ければ何だかすべてがうまく行きそうに思えます。そして逆もまた真なり。健康状態や気持ちの状態を安定的に保つことは自己効力感にも好影響を与えるのです。

自己効力感の概念は、マネジメントやディベロップメントの場面に応用できます。成功体験を積ませたり、よい仲間とグループを組ませたり、効果的に励ましたりして、自己効力感の素に働きかけることができれば、「なんとかできる！」と思えるようになります。勘違いでもよいのでそう思えさえすれば、行動を起こし実際に「なんとかなる」のです。

　江戸時代の後期に「人づくり」で有名な米沢藩の名経営者とされた上杉鷹山が家臣に教訓として詠み与えた有名な言葉があります。

　「為せば成る、為さねば成らぬ何事も、成らぬは人の為さぬなりけり」

　「為す」は行動すること、「成す」は結果を残すこと。まずは行動を起こせば、たいていのことは達成できるのですが、行動を起こさなければ結果は残らない――結果が出ないとしたら、それは人が行動しないからだという意味ですが、励ましの言葉としてもよく使われています。

　「頑張れ！『為せば成る』だから！」

　元の意味からすると正確な用法ではありませんが、実用的には効果的です。行動するためには自己効力感が必要。小さなことでも「為したら成った」という経験を増やし、周囲が「為して成る」様子を観察させ、「為せば成る」と勇気づけていけば、「成る」可能性は高まるのです。

　それから、健康管理にも気をつけて！

M-5：いつつとせ
5段の鏡餅（マズロー）

　アブラハム・マズロー（Abraham Maslow）の「欲求の5段階説」を聞いたことがあるという人は多いと思います。

　モチベーションの理論としていつも最初に紹介されます。「耳にタコ」でそれを聞かされると一番モチベーションが下がる理論だという愚痴も聞かれかねないくらい、クラシックなものです。

　この説を私は勝手に「5段の鏡餅」と呼んでいるのですが、試験で解答する際にそのように書くとバツとなりますのでご注意ください。

　ただ、「5段の鏡餅」と敢えて呼ぶのには理由があります。どうやらマズローの理論を「モチベーションには5つの種類がある」ということだと思っている人が多いように見受けられるからです。

　それは違います。下から順番に積んであるところがミソなのです。

　そもそもマズローの理論が「モチベーションの5段階説」ではなく「欲求の5段階説」であることに改めて注目してほしいと思います。欲求のもとの英語はニーズ（needs）であり、5段階説のもとの英語は「ニーズのヒエラルキー（hierarchy of needs）」です。

　ニーズはウォンツ（wants）とどう違うのでしょうか。"I need you"と"I want you"はどう違うか、説明できますか？

　ニーズは「不足するものを埋め合わせたい」気持ちです。ウォンツは「もっと欲しい」気持ちです。ニーズのほうがより切実なのです。

　不足しているものが充足されないと、相対的に高次の欲求があっても「それどころではない」ということになります。高次なものはより贅沢なものと言い換えることができるからです。人間のニーズは、より切実な順に下から鏡餅のように積み重なっているのです。

生理的（physiological）ニーズ

1番下にあるもっとも最低限の欲求です。食欲や睡眠欲などの生きるか死ぬかに関わるニーズが満たされなければ、その上を望むどころではありません。

安全（safety）のニーズ

下から2番目にある基本的な欲求です。「安全で安心できる環境に身を置きたい」「健康でいたい」「衣食住をきちんとしたい」…。今の日本人であればここまでは満たされていると考えてよいのですが、治安の悪い国に住んでいる人たちの場合は、身の安全の確保のようなごく基本的なレベルのニーズが切実だといってよいでしょう。この点が満たされなければ、その上の段階には進めません。

所属（belonging）のニーズ

下から3番目にあるごく普通の欲求です。「何かの集団に所属したい」「誰かと関わっていたい」「心の触れあう場所にいたい」「絆を感じたい」といった気持ちです。「愛」もこのカテゴリーの一部です。このニーズが満たされていないと「寂しくて死にたい」と呟くことになってしまいます。集団の中でシカトされるときついのは、この点に関わっています。所属のニーズが満たされてはじめてひとつ上の段階に進めます。

尊重（esteem）のニーズ

下から4番目にある、誰もが持っている欲求です。他者から尊敬されたいとか周囲から認められたいといった気持ちです。Facebookなどの SNSが広まって、承認に対するニーズのさまざまな形が浮き彫りになったようにも思います。反応がないと落ち込む人がいるのは、この点に関係しています。一方で、他者からの承認がなくても自尊の感情を持つことができれば尊重のニーズは満たされます。能力を向上したいとか自立性を獲得したいといった気持ちもこの段階に含まれます。

前のページで説明した4段目までが「欠乏動機（deficiency needs）」と呼ばれるものです。これらを満たすことができてはじめて最もレベルの高い一番上の餅が問題となります。

自己実現（self-actualization）のニーズ

欠乏がもたらす突き上げるような力ではなく、より高みを目指すディベロップメントの問題だとされます。ですから、「5段の鏡餅」のなかでも一番上の餅は色が違うと考えてもよいのかも知れません。

自己実現という言葉に込めたマズローの真意は「本物の自分になる」という高い次元の欲求でした。マズローの言葉を引用すると「自分自身にもっともっとなる（become more and more what one is）」ことです。リーダーシップの言葉でいえば「真性さ／ホンモノであること／自分が自分であること（authenticity）」です（L-9参照）。

マズローの仮定は「人間は自己実現に向かって絶えず成長する生きものである」ということでした。しかし、マズローが想定していた意味での自己実現を誰でも果たせるわけではありません。

また、宗教の求道者のようにこのレベルに達していると、むしろ下位のニーズについては恬淡としていることもあるでしょう。場合によっては崇高な目的のためならば命も惜しまないことも。「達観」かも知れませんし、「悟り」とさえ言える境地です。

私は個人的には「自己実現」という言葉を安易に使う最近の風潮については落ち着かない「もぞもぞ感」を感じます。例えば、就職面接で「仕事で自己実現したいんです！」と答える学生に接すると「本当にそんなに簡単な話かなぁ」と思ってしまいます。

　「仕事で自己実現」というフレーズは、「消費で自己表現」していたバブル時代の若者たちに対する批判や皮肉として使うのであればよくわかるし、ある意味でよりマトモだと思います。

　しかし、より高い次元の価値のために仕事をしたい、ほかの人の役に立ちたい、社会に貢献したいといった気持ちがもし建前であり、それによって「認められたい」という気持ちのほうが本音なのであれば、むしろ下から4番目の「尊重」に近いと私には思えます。「必要とされたい必要性」を余り強く主張すると「かまってちゃん」になってしまいます。

　またこのフレーズが安易に使われているのを聞くと、「君が必要なのは自己実現でしょ、給料の問題じゃないよね！」と給与が上がらない状況に対する巧妙な正当化ではないかとさえ勘繰りたくもなります。

　世の中を根底から変えるイノベーションを起こせる人材を社会は必要としていますし、そのような人は仕事を通して自己実現もできるでしょう。しかし自己実現をするためには、2段目、3段目、4段目を積み上げていかなければならないのです。

　「お前はどんな自己実現をしたいか言ってみろ」と問われても、私には答えはありませんし、答えがある必要もないというのが本音です。安易な「自己実現教」にはまって自分探しを続けるのはキツイことです。「5段目の鏡餅」が原理的に「もっともっと上」を目指すからです。

　幸せの青い鳥はすぐそばの、自分たちの生活のなかにいます。一定の年齢に達したら、「もっと」をやめて荷物を降ろして整理して本当に大切なものだけを残したときに、別のなりたい自分が見つかるかも知れません。例えば、むしろ鏡餅を載せている台になりたいとか。

M-6：むっつとせ
6つの学ぶ動機（市川）

「学びたい！」というのはひとつの典型的なモチベーションです。

人間を「考える能力」というCPUと「覚える能力」というメモリーとハードディスクを搭載したPCだと見立てれば、学ぶことはソフトウェアをダウンロードすることに似ているように見えるかも知れません。特定の目的に対して発揮できる能力がつき、価値があがっていきます。

メモリーが大きい人はどんどん理論や枠組みを学んで苦もなく覚えていけるのですが、私の場合は記憶容量が少ないらしく、あらゆる「工夫」を凝らさなければなりませんでした。「かぞえ歌」はそのような必要性から生まれました。

しかし、人間はPCであるというのは余りにも乱暴な例え。言うまでもなく人間とPCは全く異なります。決定的な違いの1つは、人間だけが自ら学ぼうとするという点です。

仕事をしながら自分の時間とお金を使って勉強し続ける人がいます。語学学校に通ったり、朝の勉強会に参加したり、セミナーに参加したり。社会人向けのビジネススクールで学んだりしているひとたちと接すると、学ぶ動機がよほど強いのだなぁと感心します。

学びに向かう意欲はいったいどこから湧いてくるのでしょうか？「学んで仕事に役立てたいから」――ビジネススクールに応募する人たちは決まってそう言うのですが、本当にそれだけでしょうか？

学習動機について、市川伸一は縦軸に「学習内容の重要性（大／小）」、横軸に「学習の功利性（大／中／小）」を取って、6つの箱（カテゴリー）を提唱しました。重要性はその内容を学びたいかの度合いです。功利性は損得から来る動機ですから「役立ち度」と言い換えてもよいでしょう。

最初の3つは「この内容だから学びたい」と思っているグループです。

☐ **「実用志向」**：仕事に活かしたいから！

「重要性大＋功利性大」の箱が示すのは、何が学べるかを大切にし、かつ学んだ結果を積極的に仕事に活かしていこうと考えているタイプです。ビジネススクールで学ぶひとの多くは、少なくとも入学当初はこの箱に入ると自分では思っています。「より豊かな生活のために」努力することはとても自然なことです。強いていえば、特定の目的のためにアプリケーションをダウンロードしていく作業に近いといえます。

☐ **「訓練志向」**：能力を高めたいから！

「重要性大＋功利性中」の箱に入るのは、学びの内容を大切に思っているのですが、能力が増すこと自体に価値を見出すタイプです。例えば、「英語が上手くなりたい」と思って英語学校に通っている人のすべてが通訳者や翻訳者となることを本気で目指しているわけではありません。ビジネススクールでも、実務に活かせるかどうかは一旦脇に置いて、視野を広げたり能力を高めたりすることに喜びを見出している人もいます。

☐ **「充実志向」**：学びたいから！

「重要性大＋功利性小」の箱に入っているのは、知識を役立てたいというよりはむしろ学ぶこと自体にハマっていくタイプです。世の中には「勉強したくてたまらない！」という人も確かにいるのです。

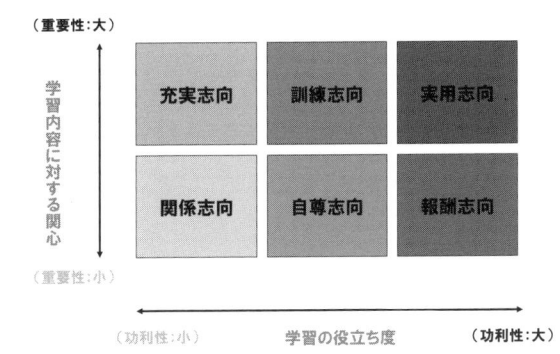

	（重要性：大）		
学習内容に対する関心	充実志向	訓練志向	実用志向
	関係志向	自尊志向	報酬志向
	（重要性：小）		
（功利性：小）	学習の役立ち度		（功利性：大）

「アタマをスッキリ整理したい」という欲望も充実志向の一種といえると思います。このタイプは、良い意味で学びが自己目的化しており、学びに損得勘定はありません。むしろ「学びは本質的に実利とは異なる」と思っていたりします。

実は勉強にハマるのは脳の機能を考えると自然なことです。ものごとが「ワカる」と脳の報酬回路が働いて、ドーパミンが放出されるからです（M-エッセイ参照）。そのためよりワカりたくなってしまうのです。

学ぶ内容を重視する3つのカテゴリーについては、どれも「あるある」と思えるのではないでしょうか。それに対して以下は「別にその内容でなくてもよい」というグループです。「どうでもよいことを学ぶ」と説明されても最初はピンと来ないかも知れません。

□「報酬志向」：いいことがあるから！

「重要性小＋功利性大」の箱に入っているのは、内容に重きを置いている学びではなくても何かの報酬を得るための手段と割り切っているタイプです。「よい点を取るとお小遣いをもらえるから」「頑張るとほめられるから」といった例を市川はあげています。「がんばれば評価があがるかも」と考えて気の向かない社内研修を受けている社会人もここに該当すると思います。学びの内容の大切さを本人よりは周囲が理解して学びを後押しするためのインセンティブを工夫しているような例もこの箱に入ります。

□「自尊志向」：負けたくないから！

「重要性小＋功利性中」は、もっともピンと来にくいかも知れません。「学びの内容それほど大切ではなく直接的な実利を目指すわけでもない」とは、いったいどんな動機なのでしょうか。自尊志向の箱については、自分が小学生・中学生・高校生だった頃を思い出すと理解できます。そもそも学校で用意される教科のすべてに興味があったでしょうか？そうでなくても「できればよい成績を残したい」と思っていた人が多数

のはず。「負けたくない」と思った人もいるでしょう（M-9参照）。学びの欲求のもとは、科目の内容でもなければインセンティブでもありません。「私にもプライドがある」「馬鹿にされたくない」「自分は大した者だと思いたい」といった気持ちがあったはずです。そのような負けん気は、本音レベルでは学びの根源的な動機なのです。

□ **「関係志向」**：みんながいるから！

「重要性小＋功利性小」なのですが、両方が小さくて果たして学びの意欲が湧くのでしょうか？　しかし、自分がなぜ学校に行きたかったのか、自分の本当の気持ちを自問してみてください。

退職後はなにか習い事にいきたいなぁとぼんやり考えている人も。「学校にいると仲間がいるから」――実はそれが、大きな理由のはずです。ソフトウェアのダウンロードはひとりでもできますが、学校での学びは自習とは全く質が異なるものです。これが、学校が存在する理由です。「仲間がいるから私も行く」というのは、十分立派な学びの動機です。

子供の場合には仲間と過ごすことは社会化という学びのプロセスの一部となります。大人の場合には人的ネットワークを広げて自分の人的資産を増やすことになります。学びを通して縁が広がり自分が豊かになっていくことを、私は「縁リッチメント」と呼んでいます。

学びの意欲は6つのうちのどれか1つの要素のみによって起きるのではなく複数の組み合わせによって高まります。6つのすべてが関わりあっているような場合もあるかも知れません。そう考えるとこの理論は、「学びの動機には6つの顔がある」と言い換えてもよいと私は思います。

M-7：ななつとせ
7つのフローの状態（チクセントミハイ）

　人は時間が経つことも忘れるほど完全にのめりこむことがあります。この「我を忘れた状態」は、モチベーションが極大に達している状態と考えてもよいでしょう。これを、アメリカの心理学者ミハイ・チクセントミハイ（Mihaly Csíkszentmihályi）は「フロー（flow）」と名づけました。

　フローは別名「ゾーン（zone）」または「ピーク経験」とも呼ばれます。モチベーション3.0のダニエル・ピンクもこの理論に言及し、フローの状態にあるとき人は集中し満足し、同時に最高のパフォーマンスをあげると言っています（M-3参照）。フローは内発的動機の最たるもの。私は「良い意味でイッちゃっている状態」と訳してみました。

　そのような状態にあるときに人間はとてつもない生産性を示します。人生における真の生産性は、フローの状態にどれだけ入ることができたかによって決まるといって良いくらいです。

　なにかに駆り立てられ、突き動かされ、ただひたすら打ち込んでいく――「イッちゃっている」とき、人間は至上の喜びを感じます。幸せの絶頂にありながら幸せを感じることさえ忘れています。

　「忘我・没我・没頭」の状態においては「自分」の感覚もなくなります。「一心不乱・無我夢中」の状態においては「時間」の感覚もどこかにふき飛んでしまいます。

　フローの状態について、理論の提唱者であるチクセントミハイはロッククライマーや外科医の事例を挙げています。両者とも、命を賭けており、完全な集中が必要で、直接的な手応え（フィードバック）があり、判断基準は明快です。

　修士論文の提出期限まであと10日というぎりぎりのタイミングで「いま私に『フローの女神』が舞い降りました！」とメールを送ってきた

猛者もいます。正月3が日に3万字書いたのですが、フローの女神が降りて来なかったらどうするつもりだったのかは不明です。

即興演奏で神業的なフレーズが奏でられたりするような状態もフローの賜物といえるでしょう。スタジオ演奏より条件が劣るはずのライブで遥かに優れた演奏が行われることがあります。フローは「ノリ」や「グルーブ」、といった「ライブ感」の最上位のものなのかも知れません。

フローとはどのような状態で、そうなるためにはどのような条件が必要で、そしてそこに至る道筋はどのようなものなのでしょうか？フローという興味深い心的状態についてはいろいろな議論がありますが、どういうわけかその多くが「7」に関係しています。

まず、フローとはどんな状態なのでしょうか。チクセントミハイは、7つの兆候（7 key signs）として次のものをあげています。

1. 今していることへの没頭──焦点が定まり集中する
2. エクスタシーの感覚──日常の現実から遊離する
3. 明晰な心──何をするべきでどうすればよいかが見える
4. これはできるという感覚──不安と倦怠のどちらも感じない
5. 心の静けさ──心配から開放され自我を超える感覚を持つ
6. 時間感覚の喪失──「いま」に集中する
7. 内因的モチベーション──フロー自体が何よりも報酬となる

フローは、単に締め切り前に追い込まれたり恐怖にかられて追い詰められたりしてテンションが上がっている状態とは異なります。

　フローは、さまざまな条件が微妙なバランスで満たされた時にだけ舞い降りるオーロラのようなものと言えます。

　出来るけれども簡単なことは「退屈（boredom）」です。

　難しくて出来ないことには「不安（anxiety）」を感じます。

　そのいずれにおいてもフローのオーロラは降りてきません。

　フローをもたらす条件について、オーウェン・シャッファー（Owen Schafer）は7つの条件を述べています。

1．何をすべきか（what to do）わかっている
2．どうすべきか（how to do）わかっている
3．上手くやっているか（how well you are doing）わかっている
4．どこに向かっているか（where to go）わかっている
5．チャレンジとしてよく認識されている
6．スキルとしてよく認識されている
7．気が散るもの（distractions）に邪魔されない。

　フローという特殊な状態に入るためには、いろいろな意味で「わかっている」ことが必要です。それが1〜4です。自分がエキスパートになれないうちにフロー状態に入ることは難しく、また直接的なフィードバックの感覚を得ることができないとフローの女神は降臨しません。

　またフローは感覚対象のチャレンジングさと自分の能力が高度にかつ絶妙に調和したところでだけ成立します。それが5と6の項目です。

　最後の7番目は特に興味深い項目です。

　フローの状態はすぐに割れてしまうシャボン玉のようなもの。せっかく「良い意味でイッちゃっていた」ときにほんの小さなこと——例えば、部屋のドアがノックされたり電話が鳴ったり——が起きただけで、あっという間にシャボン玉が割れて現実に引き戻されてしまいます。

千載一遇のフロー状態をキープするためには、気が散るあらゆる要素から細心の注意で自分を守る必要があるのです。

フローが生産性に影響するのであれば、フローに至る道筋はどのようにしてつけていけばよいのでしょうか。

チクセントミハイは、グループのメンバーひとりひとりがフローの状態に達することができるための具体的な7つの道筋を示しました。

1．空間的な配置をクリエイティブなものにする
2．「遊び場（playground）」をデザインする
3．作業を同時並行で組織だったものにする
4．グループとして焦点を当てる目標を決める
5．今あるものを推し進める（プロトタイプを作る）
6．「見える化」によって効率を向上する
7．意見の違いがあったらよい機会として使う

ヒット商品の多くは個人やチームがフロー状態に入った時に生まれています。そのような具体例をひとつあげておきたいと思います。システムキッチンのクリナップのケースです。

同社では主力商品「クリンレディ」を引き出し型のフロアコンテナにすることで、一時的な苦境から脱しました。会社を救ったヒット商品のプロジェクト・リーダーであった藤原亨（とおる）は、次のように語っています。

「決定的な商品デザインができたのは「『みえた！』と思えるある一瞬でした」「シナリオと表現が全て1本のライン上に揃う瞬間があるのです。それが『惑星直列』です」

今までばらばらだった様々な要素がすっと一列に並んで「見えた！」と思える瞬間は、アルキメデスが風呂から溢れ出るお湯を見て「わかった！（ユリイカ！）」と叫んで裸で飛び出したこととも一脈通じます。風呂でフローというオヤジギャグを言うつもりはないのですが、これもまた確かにフローのひとつの形態なのではないかと私には思えるのです。

M-8：やっつとせ
8つのコミットメントの顔（original）

モチベーションと似て異なる心の情態に、コミットメント（commitment）があります。モチベーションが「やりたい！」という気持ちであるのに対してコミットメントは「やります！」に相当します。

関与・約束・誓約・言質（げんち）・委任などを意味するコミットメントは、経営学における重要なテーマです。「やりたい！」と「やります！」は同居することが多いため多くのコミットメントの研究はモチベーションとの関係を軸にして展開されてきました。

しかし、「やります！」とは言ったものの本当はやりたくなかったり、「やりたい！」と思っていてもやりますと宣言していなかったりすることもあります。ですから、これらは別々の概念です。そして企業は本音を言えば、従業員が「やりたい！」かどうかより、「やります！」と言ってくれるかどうかのほうが大切なのです。

コミットメントは組織に対しても職務に対しても持つことができます。「組織コミットメント（organizational commitment）」はコミットメントの対象が所属する組織に向かっている心の状態です。「この会社に尽くしたい」「この組織の役に立ちたい」という貢献意欲や組織との自己同一感を持つことです。組織コミットメントが重視される背景には、それが他のコミットメントや職務満足感と比較して離職率を引き下げる効果がありました。

「職務コミットメント（job commitment）」はコミットメントの対象が職務に向かっている心理的な状態です。自分の職業についてプロフェッショナルとしての誇りを持って心理的愛着を有することを意味します。1990年代になって日本でも「組織人」の育成から「プロフェッショナル人材」の育成に移行することが必要だと指摘されるようになりました。

組織コミットメントの類型について、ナタリー・アレン（Natalie Allen）とジョン・メイヤー（John Meyer）は、次の3つを紹介しました。
- □ 情緒的：組織に対する愛着や一体感によるもの
- □ 存続的：組織を辞めることに伴う損失を勘案するもの
- □ 規範的：組織には忠誠を誓うべきだとの規範によるもの

この章の振り返りのインタビューを行った脳科学者の枝川義邦先生とコミットメントがどのような因子を持っているか調査をしてみました。その結果、コミットメントには相互に矛盾するように見える4つのペア、つまり8つの顔があるのではないかという結論に至りました。

□ コミットメントは「情緒」でもあり「功利」でもある

対象が組織であれ仕事であれ、「好きだ！」という情緒的な思いによってコミットすることは、「情に基づくコミットメント」と呼ぶことができます。特に組織コミットメントは情緒的な側面から論じられることが多く、組織に対する愛着や同一化とほぼ同じものとしても論じられています。このようにコミットメントを心理的過程や情緒的現象と捉えるのは、どちらかといえば心理学的なアプローチです。

それに対して、「得だから」「損をしたくないから」という損得勘定によってコミットすることは、「利に基づくコミットメント」と呼ぶことができます。例えば、投資はそれ自体コミットメントの一形態ですし、契約書にサインすることも典型的なコミットメントです。「ボトルキープがあるから俺の行くバーに行こう」という場合は、店への愛着もあるのでしょうが、損得勘定も働いています。またコミットメントを示すと得することもあります。組織は自らにコミットする人材を好むからです。また、「退路を断つ」という形で強いコミットメントを示すことによって相手を震え上がらせることもできます。

□ コミットメントは「能動」でもあり「受動」でもある

　自ら進んで愛着心を持ってコミットすることは、「能動的なコミットメント」と呼ぶことができます。一方で、他に選択肢がないのでやむを得ずコミットすることもあります。コミットせざるを得ない状況に追い込まれている状態です。例えば自動車の部品メーカーが系列に所属するのは、能動的な場合もありますし受動的な場合もあります。

　個人の業績目標を決める際に、割り振られた目標に対して強制的にコミットさせられることもしばしばあります。「コミットするんだな」と言われてしぶしぶ「はい」と答えるのは「受動的なコミットメント」です。

　ロック・インは相手を囲い込んで身動きできないようにさせることです。顧客が自社の製品やサービスに対して「なくては困る」状況に追い込んでロックし、他の製品やサービスに乗り換えることが困難な状態にすることを意味します（S-3参照）。相手に選択肢をなくさせることによって受動的コミットメントを持たせることと言い換えることもできます。

□ コミットメントは「完遂」でもあり「不定」でもある

　コミットメントは本来責任を持ってものごとを成し遂げることです。やりきって約束を果たすことは「完遂としてのコミットメント」と呼ぶことができます。目標に対するコミットメントはまさにこのタイプです。1990年代後半に苦境に陥った日産自動車をＶ字回復に導いたカルロス・ゴーンが行っているのはこの意味での「コミットメント経営」です。

　一方で、それほど深く考えずにして宣言してしまったり調子に乗って約束してしまったりすることも結構あります。後で「約束はしたものの取り下げたいなぁ」と後悔したり、「元気なときに思わずコミットしてしまったけれども冷静に考えると・・・」と少し後悔することもあります。浮気も、コミットメントの不定さの一種と考えることができます。

　「揺らがないこと」がコミットメントの本質であるはずなのですが、現実には結構揺らぐのがコミットメントの特徴なのです。

□ コミットメントは「没入」でもあり「覚醒」でもある

　コミットメントは本来深く関与して時間を使うことであり、対象物と気持ちの上で一体になることです。自らを追い込むことでもあります。そのような状態は「没入としてのコミットメント」と呼ぶことができます。

　同時に、人はあまり強くコミットメントしてしまうと立場が弱くなることや、他人に利用されてしまうことに敏感です。恋愛で「惚れたほうが負け」であることは、実はみなわかっています。また、言質(げんち)をとられないように気をつけるのは、安易にコミットすると負けるからです。これらは、コミットメントに対してむしろ距離を置いた見方です。

　コミットメントのひとつの典型は、会社と個人の関係にも個人と個人の関係にもみられます(「はじめに」参照)。

　子供の友人関係を例にとって考えてみましょう。

　「好きだから」と「ゲームを貸してくれるから」が情緒と功利のペアで「自ら進んで」と「他に友達がいないから」が能動と受動のペアです。「いつまでも友達でいよう」と約束したのに意外とあっさり疎遠になったりするのが完遂と不定のペアです。そしてコミットしあう関係について「熱く」思っていたり、実は「醒めて」いたりするのが没入と覚醒のペアです。

　コミットメントの本質は、このように一見対立するペアのそれぞれが補完しあいながら共存する重層的なダイナミクスそのもの中にあるのではないかと思っています。

M-9：ここのつとせ
9（く）やしさバネ（original）

「ひとつとせ（M-1）」から「やっつとせ（M-8）」まで、モチベーションに関わる理論を紹介してきました。

ここまで来て、実は思うことがあります。それは、モチベーションの理論はわりと「きれいごと」が多いのではないかということです。

私自身のキャリアを振り返って自分がどのようにして決定的にヤルキを奮い起こされたかを思い出すと、今までの理論とは異なるストーリーがあるように思えて仕方がありません。プライベートな話なのですが、私が高校1年生のときの経験を紹介します。

廊下を歩いていると前にクラスの友達がいました。T君とK君です。私は言いました。

「俺も入っていいかなぁ」

T君が振り返って言いました。

「俺は6番、Kは7番。それに対してお前は15番。
　・・・ハッキリ言って、身分が違う！」

それを聞いた私の瞳にはめらめらと燃える炎。そのままくるりと踵(きびす)を返して家に帰り「打倒T」というノートを作りました。

私が本格的に勉強を始めたのはその時からです。

「なにくそ！　みておれ！」

しかし「打倒T」のノートに書きなぐりながらふと我に返って思ったのは、T君を打倒することには何の意味もないということでした。私は別にT君と戦っているわけではないからです。

もし満点を取れば、自動的にT君には勝つ。相対的目標ではなくて絶対的目標を！――そう思った私はノートのタイトルを「理想解答」に変えました。今でも手許にあります。よほど口惜しかったのでしょう。（ただし改めて見直すと「解答」が「回答」に間違っていました――残念！）

結果的に私は目標を達成することはできたのですが、よく考えてみるとT君にはとてもお世話になったことになります。

「よくぞあの絶妙なタイミングで効果的に馬鹿にしてくれた…。」

私はT君には今でも深く感謝しています。

実際のところ、褒められるばかりが「ヤルキ」の素ではありません。良いタイミングで馬鹿にしてもらうことが「バネ」として効くことがあります。私はそれを「くやしさバネ」と呼んでいます（くが「9」です。「はじめに」参照）。

くやしさバネは私のオリジナルの言葉だと思っていたら、2014年1月の週刊朝日にこんな記事を発見しました。フィギュアスケートの解説者の村主千香さんの言葉です。

「荒川静香さんも05年の全日本では3位に終わり、その悔しさをバネに、翌年のトリノ五輪では金メダルを獲得しています」

WBSのクラスでは、「くやしさバネ経験」を持っているか参加者に尋ねることがあります。およそ4割くらいの人がよく似た経験を持っていると答えています。なかには、「お前にレースで負けるはずがない」と言われたことをバネに、世界選手権大会に出場した人もいます。

私が「くやしさバネ」を原動力にしたのは、もちろん大学受験の時だけではありません。仕事をするようになってからも、悔しい思いは数知れず。そのたびに「なにくそ！」と発奮し、反発心を努力の源泉にしてきました。

この本も、ある意味では「くやしさバネ」の産物と言うことができます。企画や戦略の世界から人材マネジメントの世界に移った時に「なんでそんな小さな仕事をするんだ」と諭されたことがあります。その方は決して私を馬鹿にしたり人事の仕事を軽んじたりしていたのではなく、むしろ「スケールの大きな仕事を目指しなさい」という意味でおっしゃったのですが、当時の私はむしろ心に火がつく感じを覚えました。今になって振り返ると、そのように言ってもらえたことが「『人と組織』の領域に賭けます！」という強いコミットメントのもととなったと思います（M-8参照）。

さて、この話を教室でジョークとして紹介しようとストーリーをまとめていた2011年の春、上野千鶴子さんの記事が日経新聞の夕刊に掲載されました。「学びのふるさと」という囲み記事を引用します。

タイトルは、『「やっぱり男のひとは違うわね」勉強でトップ逃した後、先輩の一言　反発心から人生初の発奮　社会学者　上野千鶴子さん』

（略）勉強は得意で高校まではずっと学年トップ。でも特別な努力をしていたわけではなく、3年生のとき、ある男子学生に抜かれてしまった。そのときは何とも思わなかったけれど、しばらくして通学中にバスの中、偶然再会した卒業生の先輩女性に言われたんです。

「やっぱり、男の人は違うわね」と。

抜かれた相手が女性だったら違ったのでしょうが、そう言われて不思議と反発し、生まれて初めて発奮。猛勉強しました。ここで頑張らなかったら京都大学に入ることはなかったと思います。進学し、大学院時代にようやく女性学に出会いました。家庭環境の反動か、研究にのめりこみました。

学術論文のほか一般向けの本も積極的に書き、30代で初めて出したのが「セクシイ・ギャルの大研究」。（以下略）

——————————（日本経済新聞（夕刊）2011年7月15日 p.9）

「あの上野さんでもくやしさバネを感じるんだ！」——記事を読んでこの話はジョークからから授業のネタに昇格しました。

上野さんは私の大学の専攻の先輩にあたります。ひと回りも先輩なのですが、研究会などでご縁があって、何度か直接指導もいただきました。MBA留学から帰ってきたときや教員になったときに最初にご挨拶に行ったのも上野さんで、そのたびに叱咤激励を受けました。人生で一番苦しかった時期に訪ねた時には、水菓子をご馳走になりながらこんな風に言われました。

「人生で最悪を知ったのは、本当に良かった」

最悪を知ればくやしさバネも強く働くということかも知れません。

一方で、馬鹿にされたら必ずくやしさバネが働くかというと、そうとは限りません。例えば、私は体育が苦手で、特にハードルが大の苦手だったのですが、体育の先生に言われたことがあります。

「お前は女子の低いほうで跳んどけ」。

これを聞いて私は「なにくそ！」と思いその夜にハードルの練習をしたでしょうか？　全くそういうことはありませんでした。ただ「しゅん」となっただけです。

人から馬鹿にされると、あるときには燃えあるときにはしゅんとする。この違いはいったいどこから来るのでしょう。その点について、脳科学者の枝川義邦先生が教えてくれました（M-インタビュー参照）。

「人は内心自信のあることで馬鹿にされると燃えます。それに対して内心自信のないことで馬鹿にされると自信を失ってしまうのです」

なるほど！　そうすると、経営的な観点から次のように言えます。

「人は馬鹿にされることで却って強いモチベーションを得ることがある。その条件は、内心自信があるかどうかである。そして、内に秘めた自信の度合いを見抜くことが、効果的な人材マネジメントにつながる」

脳科学的知見による裏づけを得て、くやしさバネの話は授業のネタからこうして書きものにできるところまでまたひとつ昇格できたのです。

M-エッセイ

バラとドクロとヤルキの公式

　早稲田大学ビジネススクールの「人材・組織」の授業では、中間レポートとしてエッセイを書いてもらったりグループで発表してもらったりします。ここでは、授業の履修者のひとりである大花克彦さんの問題意識をもとに共同で書いてみたものと、辻貴之さんの発案をもとに共同でまとめた「グループ発表の実況中継」を紹介します。

　モチベーションを語る際に、報酬の話を避けて通ることはできません。エッセイ１では、この深いテーマについて考察してみたいと思います。エッセイ２では、ヤルキに関する新しい公式（のようなもの）が、追い詰められた状態で出てきた事例を紹介します。

■ エッセイ１：バラとドクロ

　「アメとムチ」という言葉があります。英語では「にんじんと棒（carrot and stick）」といいます。

　もともとは国王や皇帝が人気取りの政策と人民を弾圧する政策を組み合わせて国民をあやつろうとしたことを言ったのだそうです。

　企業において比喩的に使われる際には、アメには報奨金・表彰・昇給・昇進など、ムチには馘首・減給・降格・懲戒などが含まれます。

　「アメとムチ」は何のために使うのでしょうか。

　それを考える際に参考になるのが「プリンシパル＝エージェント関係（principal-agent relationship）」と呼ばれる理論です。

　人間でもあり他人でもある「ひと」に対してなにか行動を起こして欲しいと考えるとき、その欲する主体を「プリンシパル（principal）」といいます。自らの利益となる行動を求める相手が「エージェント（agent）」です。この２つはどのように関係しあっているのでしょうか？

　エージェントはプリンシパルの利益のために委任を受けるのですが、

おいそれとは言う通りには行動しません。それどころか、プリンシパルの利益ではなく、エージェント自身の利益を優先した行動をとってしまうこともしばしばあります。「エージェンシー・スラック（agency slack）」です。スラックが起きることを「エージェンシー問題（agency problem）」と呼びます。どうすればエージェンシー問題が起きないようにすることができるのでしょうか？

　答えを出すのは簡単ではありません。エージェンシー問題が起きないならばそもそもマネジメントは必要ないとさえ言えるほどです。

　エージェンシー問題を回避するためのひとつの方法が監視（monitoring）です。ちゃんと働いているかをモニターすることです。もっとも典型的な方法としてタイムカードがあります。また、業績評価制度はモニタリングのひとつとも考えられます。人はちょっとしたことがきっかけで「ばかばかしくてやってられない！」と思います（M-2参照）。そうなるとサラリーマンはサボリーマンになってしまいます。

　問題を回避するもうひとつの方法がインセンティブ（incentive）や誘因（inducements）と呼ばれるものです。すなわち、「アメとムチ」あるいは「にんじんと棒」です。アメやにんじんはポジティブな誘因、ムチや棒はネガティブな誘因です。

　ムチや棒といっても、人間が実際にそれで叩かれることは現代社会ではほとんどありません。ただ、私にはそれに類する経験はあります。

　社会人になって3年目に、勤めていた会社が赤字になったので、同期全員が車のディーラーに出向になりました。私が所属した営業所では所長が朝会でゴルフの5番アイアンをぐるぐる振り回しながら壊れたテープレコーダーのように叫び続けていました。

「どうしてくれるんだ！　今月の台数どうしてくれるんだ！　今期の数字どうしてくれるんだ！」

　プレッシャーに堪えかねて、つい活動量を増やしてしまうと結果は出ましたから、それなりに効果的だったのだと思います。

その所長が作る営業目標必達グラフは大変にユニークなものでした。普通の営業所であれば、ひとつ成約するとバラの花がひとつ増えたり、棒グラフがひとつ分伸びたりします。これを「バラのマネジメント」と呼ぶことにします。

　しかしその所長が作ったグラフは逆のものでした。月初に達成すべき目標が「ドクロの数」で示されており、ひとつ達成するたびにひとつずつドクロ印が減っていくという仕組みなのです。これを「ドクロのマネジメント」と呼ぶことにします。

　バラのマネジメントでは目標を達成すると「おめでとう！」と祝ってもらえます。しかし、ドクロのマネジメントでは「来月はもっとやってくれるんだろうな！」と振り出しに戻ってコミットさせられるだけです（下手をするとバーが上がってしまい自ら首を絞めることになります）。

　バラのマネジメントでは、達成まであとひとつになると「あと一息！」「頑張れ！」と勇気づけてくれるのですが、ドクロのマネジメントでは「あとひとつ、どうしてくれるんだ、どうしてくれるんだ、どうしてくれるんだ」とひたすら責めたてられるのです。

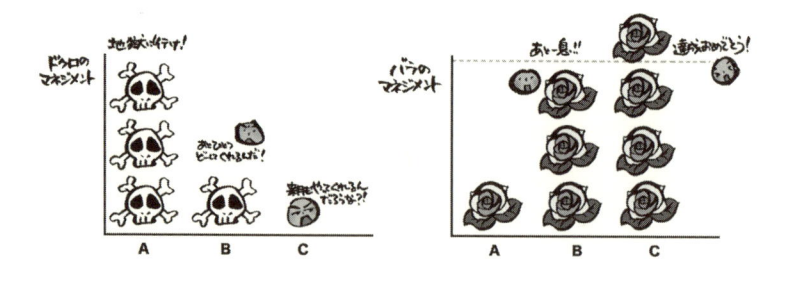

ドクロのマネジメントは、ねずみに電気ショックを与える実験にも似ています。少なくとも最初の内は「ムチ」や「棒」や「電気ショック」から受ける痛さや辛さから逃れたい一心で、確かに人もねずみも一定の頑張りをみせます。

　プレッシャーに弱い私の場合、ムチは相当効いたようです。いやいやながら結果は月販平均6台、単月最高13台で東京で2位。ドクロのマネジメントは、場合によってはまた相手次第では確かに有効なのです。

　しかしドクロのプレッシャーも度を過ぎると、人は居直って「もう決して貢献しない」と心に誓ったり、遂には組織を去ってしまったりします。長期的・継続的な生産性の向上につながるとは思えません。

　それではバラのマネジメントだけがあれば効果的なのでしょうか？美しいバラにはとげがあるように、アメにも毒があるかも知れません。そこで、アメ・にんじん・バラなどのインセンティブが持つ問題点の方について考えてみたいと思います。

　営業部門においては報奨金などのインセンティブが支払われることがあります。売り上げ全体の数や額に対して支払われることもありますが、特定の商品や販売方法についてのみ報奨金が出る場合もあります。特定の行動（behavior）を引き出すための典型的な外発的動機づけです。

　インセンティブは「報奨金」と訳されることもありますが、この言葉は単に「営業部隊を動かす手段」を意味するだけではありません。抽象的にあらゆる「行動に変化をもたらす仕組み」を意味する経済学の用語でもあります。前者を狭義のインセンティブ、後者を広義のインセンティブと呼ぶこともできるでしょう。

　企業には売上目標（バジェット）がありますし、特に売上を伸ばしたい戦略的製品もあります。特定の目標に向けて行動させるためには「狭義のインセンティブ」をつけます。そして、「来月までに顧客を獲得したら1件あたり5,000円支払います。ただし目標を越えた場合、1件あたりの支払い金額は7,500円となります！」などと営業部に伝えられます。

営業部員から「よーしこれでヤル気がでてきたぞ…」という反応が得られるだろうという想定のもとにコストをかけてこのインセンティブ・プログラムが導入されるわけです。

営業部隊に何かを依頼すると「何かインセンティブがなければやってられない」という反応が返ってきます。だからといって実際にこのようなプログラムを導入したからといって、急に営業部がヤルキ満々になるというほど話は単純ではありません。

営業部長はニンジンに反応して一生懸命に走る者こそ「まさに営業のプロとして素晴らしい」と考えがちです。「ニンジンに反応しない者は営業部員として欠陥がある」と言い放つ営業の責任者さえいます。「戦略はマーケティング部で考えるから、営業部はただ言われたとおり売ればいい」という幹部もいます。そのような人たちは、アメやニンジンの効果を信じて疑いません。

しかし、現実にはいくら報奨金を払ってもセールスフォースの意気が一向にあがらないこともしばしばあります。どうしてでしょうか？

また、必ずしもすべての営業部員がそのような報奨金に対して、素直に反応するわけではありません。むしろ、インセンティブに対して距離感を持っている人もいます。なぜでしょうか？

芸を行うシャチやイルカには、うまくジャンプすると必ず鰯(いわし)などのエサが与えられます。アメやにんじんと同様、外発的動機づけの典型です（M-2参照）。「インセンティブにはむしろ反感を覚える」という営業員はこんな風に語っています。

「鰯をやれば芸をするだろう、つまり金銭的インセンティブを与えておけば販売活動をするだろうという考えが透けて見えちゃうんです」

「おれはシャチか！という点に思いが至ると、まさに鰯をもらっているというその事実自体にある種のやりきれなさを感じて、モチベーションがなくなってしまうのです」

アメも「いつでも・誰にでも」効くとは限らないということです。

　責任感から行動を起こす人もいるでしょうし、単に「好き」だからという理由で活動する人もいるでしょう。「出来るようになる」のが面白いかも知れません（M-6参照）。「自分はやった！」という達成感を味わいから行動するという人もいるでしょう（M-2参照）。

　本当の意味で人材の意欲を高め能力を伸ばすのは、課題に自発的に取り組む「内発的動機づけ」と、自分が自分の行動の主人公となる「自律性（autonomy）」です（M-1）。だとすれば、それらを人材からいかに引き出すかが人材マネジメントの要諦となりそうです（M-2参照）。

　エドワード・デシ（Edward Deci）とリチャード・ライアン（Richard Ryan）は「自律的な行動」や「内発的動機づけ」について長年にわたって実証的な研究を行っています。彼らの調査のほとんどは外発的動機づけではなく、内発的動機づけによって人は優れた成果を残すことを明らかにしています。

　外発的動機で働いている人は「他人のために行動している」という意識が強く、他者にコントロールされています。それに対して内発的動機で働いている人は「自分のために行動している」という意識が強く、自らをコントロールしています。そして自分が自分の主人であること自体がモチベーションの源泉となっているのです。勉強をしようと思っていた子供が両親に「勉強しなさい」といわれるととたんにヤルキを失うのも、自律性に関連しています（M-1参照）。

　「褒める」と「誉める」。どちらも、承認と感謝を言葉で示すことです（M-5参照）。それに金品がつくこともあります。言葉でほめることはとても効果的です。同じ1,000円を渡すのでも「よくやった」のひと言を添えて渡すのと無言で渡すのでは大きな違いが生まれます。

確かに言葉でほめることは効果的ですが、多くの日本人は苦手です。なぜかというと言い回しのストックが少ないからです。

　私がイギリスの金融機関で法人営業に携わっていた時には、ひとつ営業の結果がでて「今日はここと契約しました」と連絡するたびに、翌日にはたくさんの「1行メール」が届きました。"Excellent!""You did it!""Good job!"いずれも「やったね！」という意味です。たったひと言のメッセージから随分と活力をもらったのを覚えています。アメリカの幼稚園でも同様です。どんなに下手な絵を描いても"Wonderful!""Fantastic!"。

　日本語で似たようなことを言ったり言われたりすると、何となく気恥ずかしさを覚える人もいるでしょう。控えめであることが尊ばれる価値観が影響しているかも知れません（S-インタビュー参照）。

　でも、ひとつだけ、覚えておくと便利なフレーズがあります。それは「さすが！」です。このフレーズには、「いつもあなたのことはすばらしいと思っていたけれども、やっぱりその通りですね！」という気持ちが前提とされています。そのような行間のメッセージを人は意気に感じるのだと思います。

　さて、ほめる（褒める／誉める）ことも万能ではありません。その効き目にもおのずと限界があるようです。

　まず、ほめる行為が外因的であることに起因する限界があります。褒めることは非金銭的な外的報酬です。お金ではないとしても、外から与えられるものなのです。最初はほめられて嬉しくても、そのうちほめられていることが嬉しい自分に気がついて、恥ずかしくなることがあります。そうするとさっと醒めてしまいます。なぜならば、「私は私の主人であり、ほめられるかどうかでヤルキが左右されるわけではない」と自分の内なる声が聞こえるようになるからです。

　次に、賞讃本来の目的からのずれを引き起こしてしまうことです。ほめ続けると、いつの間にか行動の目的が何かを達成することから称賛

されること自体にすり替わってしまいがちです。そして「ほめられることだけ」をするようになります。よほど気をつけなければ、却って行動の歪みを作ってしまうこともあるのです。

　ある人をほめると他の人が離れて行ってしまうことも副作用のひとつです。ある人を素晴らしいと言うことはそのように言われなかった人たちに「ダメ」の烙印を押してしまうことにもなりかねません。少なくとも、ほめられなかった人たちが、「私はだめなんだ」と自分で感じてしまうことを止めることはできません。

　最後に、いつもほめられている優秀な営業マンは褒賞に対して鈍感になっていくという問題もあります。1杯目のビールは美味しくても、2杯目・3杯目と続くほどにだんだん「おいしさ」が減っていきます。「次の1杯」がもたらす効用（utility）のことを限界効用（marginal utility）と言います。通常、限界効用は逓減します。「ほめられる」ことについてもある程度あてはまり、人によっては限界効用が逓減するかも知れないのです。

　また、賞讃の言葉は度が過ぎると逆に皮肉や嫌味に転化して効用がマイナスになってしまうことさえあるので注意が必要です。ほめたつもりが「ほめ殺し」にならないようにしなければなりません。

　何ごとも効果的であるためには、正しいことについて、正しいタイミングで、正しい分量で行う必要があります。

　「相手がほめて欲しいこと」を上手く見つけ「相手がほめて欲しい時」に「相手がほめて欲しい程度に」ほめなければ効果はないのです。

　また、「ほめて欲しい人」に認めてもらって初めて嬉しいと感じるもの。ほめることに真の効果を出すためには、まずは自分が相手から「あなたにほめられると嬉しいです」と言ってもらえるように精進をする必要がありそうです。

■ エッセイ２：ヤルキの公式「I×α×X」

　早稲田大学ビジネススクールの「人材・組織」の授業では、チームに分かれてグループ発表を行います。人材を通して組織の生産性を上げる３つの要素である「デキ」「ヤルキ」「ムキ」のテーマごとに「それらの本質はなにか」「どうすればそれらが向上できるのか」についてのプレゼンテーションを行います。

　冷静なデキチーム、和を重んじるムキチームと比較して、ヤルキチームには毎年独特のノリがあります。なかには、いくつか伝説となったプレゼンテーションもありました。

　ヤルキの本質を探ろうと、山に上ったチームがありました。

　チームメンバーで富士山（標高3,776m）に登ろうと話しあったら高すぎてヤルキが出ず、それなら東京で一番低い箱根山（標高45m）ではどうかと検討したら低すぎてヤルキが出ず、高尾山（標高599m）に登ろうと決めたら目標がちょうどよくてヤルキが出たのだそうです。実際に全員で登山したときの気持ちの変化を発表してくれました（M-1参照）。

　ヤルキとはなにかをハンドベルで表現したチームもありました。

　ひとりがひとつの音にコミットする役割分担が全体を創るという"one for all, all for one"をチームで表現した美しいストーリー（M-8参照）。「こんな感じで進んでます！」と自信満々で聞かせてもらったリハーサルでは、本来長調であるべき楽曲（曲目は「都の西北」）が短調になっていて「葬送行進曲」。それにもめげず強いコミットメントで奇跡の上達を示し、本番は拍手喝采の大成功でした。

　「クイズダービー」の形式でプレゼンを行ったチームもありました。

　メンバーは、テレビ局勤務の辻さん（G2さん）、アパレルメーカーの木村さん（きむにい）、化学メーカーの淺井さん（あさいちゃん）、ブライダル会社勤務の佐藤さん（さとけい）の４人。このエッセイでは、その模様を実況中継することにします。

言うまでもないことですが、このクラスではすべてのチームが山登りやハンドベルやクイズダービーといった特殊な発表を行っているわけではありません。あくまでも例外的です。私からは「皆さんが仕事を抱えたギリギリの状況で発表に臨むことはよくわかっていますから凝った発表はしなくてもよい」と伝えてあります。しかし、そう強調すればするほど、なぜか却ってヤルキに火をつけてしまうらしいのです。

「クイズダービー」は、1976年1月から1992年12月までTBSで放送された、競馬形式のクイズ・ゲーム番組です。大橋巨泉の司会のもと、3組の出場者が、オッズを参考に5人の解答者のうち1人に対して自分の持ち点を賭けて、正解すると得点が得られというものです。

長らくレギュラー解答者として活躍したのは、はらたいら、竹下景子など。正解を答えるのが目的ではなくて、正解するであろうと思える人を当てていくところが、他のクイズ番組と異なる点です。番組最高視聴率は1979年6月30日に記録した40.8％（関東地区）。民放のクイズ番組としては第1位を誇ります。

ヤルキチームの発表メンバー4人は「解答者（賭けの対象者）」の役。デキチームとムキチームが「出場者（賭けをする人）」の役。そして、私には「司会の大橋巨泉（オッズを示し誰が勝ちか伝える人）」の役を演ずるように、直前になって要請がありました。つまり文字通り「全員参加」となったのです。

出場者2組は、4人のなかの1人に対して持ち点3,000点から点を賭けていきます。例えば、「3倍」のオッズの解答者に1,000点を掛けて、当たれば3,000点獲得で合計6,000点となりますが、負ければ1,000点引かれて2,000点になるというわけです。

出題された問題は合計3問。第1問は「コミットメントとは？」、第2問は「ヤルキを上下させる理由は？」第3問は「部下のヤルキを上げるには？」。

チームメンバーは、各自の体験に基づく事例を示しながら、解答を通じてヤルキに関する理論や考えを発表するという趣向です。「正解」に相当する答えについては、私がプレゼンを聞いた直後に「グッときた」人を選んでくださいとお願いされてしまいました。

　(杉浦心のツイート：クイズダービーはもちろん見ていたけれども、自分で正解を選べというのは困った。「グッときた」ものを選べばいいと言われているけれど何か「理屈」をつけないといけないなぁ・・・。授業だし。むむぅ。)

「第1問です！　コミットメントを自分なりの定義やメカニズム等と一緒に答えて下さい！　まずは、倍率、ドン！」
「1枠3倍、2枠2倍、3枠4倍、4枠6倍」

　4人はそれぞれの実体験に基づく事例を用いて解答しました。
　1枠の答：キャンパスナイトフジ――幸せになる意欲！
　2枠の答：ブランド「愛」
　3枠の答：意義のあるオ・シ・ゴ・ト
　4枠の答：私がびっくりするほどヤルキがなくなったトキ

（杉浦心のツイート：さすがにそれぞれ良い答えをしているなぁ、この中からどれかを選べというのか・・・。授業だから、単にウケればよいというわけでもないし、困ったなぁ・・・。困ったときは第六感に従え！　少なくともめちゃくちゃなプレッシャーの中で記憶に残ったのは、内容の良さに加えて、キーワードが「ひと文字」のもの。とすると「愛」。これは「I」ともいえる。やっぱり覚えるためには短くなくては。）

　杉浦コメント：「私がグッときたのは、きむにいです。
特に『I』というところ。理由は、『短い』から」

　きむにいは、厳しい市場環境の中で誕生した新ブランドについて「誰かが面倒見なければならない」という責任感から、新ブランドの責任者に立候補した話をしました。
　立候補するということは「やります！」とコミットメントを示すことに他なりません。その宣言の根底にあったのは、ライバルの追撃を自分が責任をもって「やりたい！」というモチベーションだったとのこと。さらに、顧客との対話を重ねながら自分の思いと会社のビジョンが互いに噛み合う「やくそくします！」というエンゲージメントを実感することができたことが「本物のヤルキ」につながったのではないかと、きむにいは分析します。
　きむにいのコミットメントを支えたのは仕事、会社、仲間、お客様、そして新ブランドへの「愛」だったとのこと。ゆえに「コミットメントとは『愛』である」と考えたとの説明でした。

　なお、点数については、デキチームがG2に1,000点、ムキチームがあさいちゃんに1,000点掛けていて双方とも「はずれ」だったため、2つのチームの持ち点はそれぞれ2,000点となりました。

（杉浦心のツイート：このまま双方の点数が単に減っていったらどうしよう。点数が抜きつ抜かれつの面白さも考慮しなければならない。そうだとすると、これはなかなか複雑性が増してきたぞ・・・。）

「第2問です！ コミットメントがヤルキのひとつの側面であることはわかりました。では、ヤルキはなぜ上がったり下がったりするのか、また、自分のヤルキはどうすれば維持できるのか、答えて下さい！」
　まずは、倍率、ドン！
「1枠6倍、2枠2倍、3枠7倍、4枠3倍」

　解答者は、「ヤルキ3要素」のそれぞれについて、それらが上がる理由と下がる理由を述べました。
　1枠の答：3点セット＋α（アルファ）
　2枠の答："愛"のコントロール
　3枠の答：チャレンジ！
　4枠の答：私のヤルキ激減のハナシ！

（杉浦心のツイート：これまた、良い答がそろってるなぁ。参った、参った。そうだ、ぜんぶ「短い」キーワードを含むものを「グッとくる」基準にしよう。そうすると、この中では「α」っていうのがそれになる。上手い具合に、解答者もダブっていない。これにしよう。さっきは「I」だったし。より高いレベルに挑戦する「向上心」は「α」と言えるし、確かにヤルキの本質。これで決まり！）

　杉浦コメント：
「私がグッときたのは、G2さんです。
　特に『α』というところ。理由は、『短い』から」

G2さんは、ヤルキを「幸せになろうとする意欲」と定義しました。ある深夜の新番組に携わった経験を踏まえ、「新たな価値の創出」という「幸せ」(目標)を、ヤルキを活かしてどのように実現すれば良いか述べました。「ヤルキ」を上げるためには、「価値ある目標」「主体的に動ける状況(責任と権限の付与)」「達成感等の報酬」が必要。さらに、「＋α」として「関わるあらゆる主体が『幸せ』になる関係作りに参画でき、かつ幸せを実感出来る」ことが必要であると述べました。

　「＋α」は目標を達成した上で「更にその上を行きたい！」という思いです。より高いゴール目指していく気持ちこそモチベーションであるとG2さんは説明しました。

　点数については、ムキチームがG2さんに1,000点掛けていたため、得点がプラス6,000点で合計8,000点に。一方のデキチームははずれで、得点は800点となってしまいました。

　「いよいよ最後の第3問！　ヤルキ、そしてヤルキが上下する理由もわかりました。では、今度は上司の立場から、どうすれば部下のヤルキを高めることが出来るでしょうか？」
　まずは、倍率、ドン！　そして、本日最後の質問ですから、倍率、2倍！
　1枠は当初2倍なので4倍、　2枠は当初3倍なので6倍、
　3枠は当初4倍なので8倍、　4枠は当初10倍なので20倍。

1枠の答：ヤルキ3ステップ
2枠の答：構成要素
3枠の答：プロジェクトX
4枠の答：積極的にコミットメントさせること

(杉浦心のツイート：これまた、それぞれ良い答。弱ったなぁ。このなかに、「短い答え」が入っていると話としてまとまるのだけれど・・・あったあった、「X（エックス）」があった。上手い具合に、解答者もダブっていない・・・。助かった！)

杉浦コメント：「私がグッときたのは、あさいちゃんです。特に『X』というところ。理由は『短い』から！」

あさいちゃんはヤルキを「意義のある仕事の中から生まれるもの」と説明した上で、ヤルキを上げるためには「チャレンジの場を与えることが重要」と答えました。さらに「上司と部下が共有出来るドラマ」が必要であるとの持論を展開しました。

事例としてとりあげたのはかつて NHK で放映されていた「プロジェクト X」から、富士山頂にレーダーを取り付ける難工事の実話でした。そして、「男は一生に一度でいいから、子孫に自慢出来るような仕事をすべきである」というリーダーの言葉を引用し、ミッション・バリュー・プライド（MVP）によって仲間の内発的動機を喚起することで工事に成功した、と説明しました。

これは上司と部下、リーダーと仲間との間で目標達成を約束し実現する「ドラマ」を共演している状態を「プロジェクト X」、さらに短く「X」と表現したのです。

(杉浦心のツイート：一応判断基準は「短い！」ということでこの場を乗り切ることはできるだろう。でもこの辺でお遊びではない「授業」にしていかないとダメだ。だから単に「短いからよい」で終わらせることはできないなぁ・・・。「I、α、x」これで急ごしらえのストーリーを作ることはできないだろうか。G2さんが「人間、覚えることができるのは3つまで！」と言っていたからそれも踏まえてコメントしてみよう。)

杉浦追加コメント:「人間、覚えることができるのは3つまで——というのはさっきG2さんが言っていた通りです。そしてこの3つ、『ヤルキ＝Ｉ×ａ×Ｘ』はヤルキの公式になっているのです。」

点数については、一方のチームが3枠に700点賭けていたため、得点がプラス5,600点で得点合計は5,700点となりました。もう一方のチームがはずれて得点合計が1,000点となったので、デキチームがまさかの逆転！点数においても「抜きつ抜かれつ」の白熱ゲームとすることができました。めでたし、めでたし。そしてこの授業発の「モデル」もできました。

コミットメント、モチベーション、エンゲージメントとＩ×ａ×Ｘの関係は以下の表のように整理することができます。

	定　義	言い換えると
Commitment：やります！	責任をもって何かに関わること。対象への「思い」が必要であると共に、「自らを賭ける」ことが必要。	Ｉ（愛）
Motivation：やりたい！	何らかの欲求を満たそうとする意志。単に水準に到達するだけでなく、「それ以上」を目指したいと思う気持ちのこと。	ａ（向上心）
Engagement：やくそくします！	個人の自己実現の努力と会社全体の大きなビジョンが噛み合う状態で相互に信頼関係の絆で結ばれた状態のこと。	Ｘ（ドラマ）

「ヤルキ＝Ｉ×ａ×Ｘ」の公式がなぜ「掛け算」となっているかというと、その中のひとつでも欠けるとゼロになってしまうからです。

この発表には、もうひとつヤルキのファクターが隠されていました。それは、賭けをする側の観点です。

第一に、「賭ける」こと自体、コミットメントだということです。自分の持ち点のうち一定を「賭ける」ことは、まさに「限りある持ち点の最適配分」を行っているわけですから、コミットメントは実は「戦略的意思決定」（S-1参照）そのものであることがわかります。

第二に、「競う」こと自体がモチベーションの源です。人は「抜きつ抜かれつしている状態自体」にモチベーションを感じます。50：50の原則が働くからです（M-1参照）。クイズダービーでは、競争は2重になっています。ひとつは解答者同士の競争、もうひとつは賭けの点数の競争です。

　このように整理してみると、クイズダービーにはひとをコミットさせ、モチベートする仕掛けが見事に備わっていることがわかります。しかし、この発表は遊びではありません。授業の一貫として「学び」がなければなりません。学びのコンテンツに仕上げることが本当の意味での発表者たちのコミットメントでした（M-8参照）。

　アイディアがまとまらず、最初の1歩がなかなか踏み出せなかったものの、「クイズダービー」案が決まったとたんに一気に動き出したといいます（M-1参照）。私のほうはいつの間にか巻き込まれてしまい、何とか公平感を維持しつつ（M-2参照）、上手くいけばよい授業になる確信を持って（M-3参照）、何とかできる！と自らに言い聞かせ（M-4参照）、正解者を正当に評価するように配慮しつつ（M-5参照）、学びの動機（M-6参照）に答えなければなりませんでした。

　その余りの難しさにいつしか軽いフロー状態（M-7参照）になって、窮余のアドリブとして口をついて出てきたのが「ヤルキ＝I× a × X」の公式でした。

　この発表チームは、自分のパートに「愛（I）を持ってコミット」し（M-8参照）、互いに刺激しあいながら決して満足せずに「その上（a）」を目指し、互いのエンゲージメントを高めあった結果として様々な「ドラマ（X）」を起こしてくれました。その過程においてモチベーションのかぞえ歌も、ほとんどフルコーラスを歌ってしまったのです。

M-インタビュー

枝川義邦〜ヤルキを脳科学から考える

経 歴：

1998年に東京大学大学院薬学系研究科博士課程を修了し薬学の博士号を得る。2005年に早稲田大学先端科学・健康医療融合研究機構（ASMeW）の講師に着任。2007年に早稲田大学ビジネススクールにてMBAを取得、同年 早稲田大学スーパーテクノロジーオフィサー（STO）認定。

ASMeW助教授、准教授、米国・カリフォルニア大学 サンジェルス校客員研究員、早稲田大学高等研究所准教授、帝京平成大学薬学部教授・脳機能解析学ユニット長を歴任し、2014年より早稲田大学研究戦略センター教授。早稲田大学ビジネススクールでは『経営と脳科学』を担当。

Q：「かぞえ歌」の解説をしていただく前に、脳科学的にはモチベーションが高まっている状況をどう捉えるのか、教えていただけませんか？

　脳科学では、モチベーションを「報酬系神経回路」で説明します。普通は「報酬系」と略します。欲求が満されるかもしれないと思うときに脳の特定の場所からヤルキに関わる情報の伝達物質がたくさん出て活性化することです。そうすると人間であれ動物であれ、快感を覚えて、本当の意味で満たされます。

　ところが、満たされるともっと満たされたくなります。報酬系は、結果が原因になって回りながらどんどん強化されていく正のフィードバックがかかるからです。報酬系を通して快感を得ると、もっと快感を得ようとしてもっと頑張り、もっと快感を得ます。そうするとさらに「もっともっと」となり、「やめられないとまらない」という状況になるのです。これが昂ずると、依存症の状態になります。

　報酬とは、給料とかボーナスではなくて「ふつふつと湧き上がる幸せ感」のようなものです。「美味しかった」「楽しかった」「やったぁ！」——そんな気持ちのことです。

　ひとことで言うと、報酬をもたらすのは報酬系のドーパミン（dopamine）と呼ばれる伝達物質です。脳の古い部分にある報酬系の神経ネットワークは「ドーパミン神経系」や「A10神経系」とも呼ばれます。ヤルキが出ている状態はA10神経系のドーパミンが活発に放出されている状態です。放出されたドーパミンが情報を伝えると、それを脳は報酬に感じるということです。もちろん報酬系以外にもドーパミンは出ているのですが。

　ここで言う欲求には「食べたい」「眠りたい」など生物としての生存にかかわるものもありますし、「みんなと楽しくやりたい」「認められたい」という承認欲求に関わるものもあります（M-5参照）。

　報酬系は、私たちが何かを始めようと思ったり（M-1）、自分の内部や外部からヤルキを高めたり（M-2）、あれこれ瞬時に見積もりをしたり（M-3）、自己効力感を持ったり（M-4）、ひとつのニーズを満たされると次のニーズが生じたり（M-5）、学習したいと思ったり（M-6）、没頭し

たり（M-7）、コミットしたり（M-8）、くやしさをバネにしたり（M-9）するなど、ヤルキに関わるさまざまな現象に共通する大元の原理です。

Q：報酬系が働くとき、具体的には私たちの脳のどのあたりが反応しているのでしょうか？

専門的な言い方になってしまいますが、ヤルキと関連が深いのは報酬系の神経投射だということになります。神経投射とは、神経がつながりあって物質が受け渡されていることです。もう少し正確に説明すると、脳の「腹側被蓋野」という場所から「側坐核」という場所へ神経投射されます。腹側被蓋野は頭蓋骨の真ん中の下にあり、側坐核はその上で脳のど真ん中にあります。

また、カッとなったり不安に駆られたりすることもヤルキとはある意味で関係するのですが、これらは「扁桃体」や「島皮質」と呼ばれる部分と関係しています。これらも、脳の中心に近い原始的な部分です。

生物は、内側から外側に向けてだんだん脳が大きくなるように進化してきました。ポール・マクリーン（Paul MacLean）は、脳を3階層に分けて考える仮説を提唱しました。すなわち、一番内側には「爬虫類」、その外側には「哺乳類」、一番外側には「新哺乳類」の脳が進化しながら順番に機能を複雑化・高度化させてきたというのです。

新哺乳類の部分が「人間らしさ」ということになります。そうだとすると、まんなかの部分は系統発生的には最も古い部分です。生物がみな持っている本能的な行動などをつかさどる部分だということです。

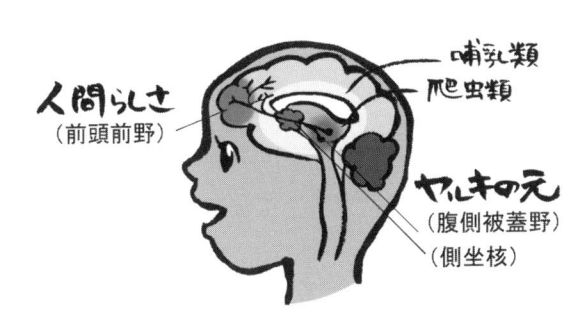

「自分は最近ヤルキがあります！」というのは、脳科学的に言うと「腹側被蓋野から側坐核への報酬系ネットワークが盛んに活動しています！」ということなのです。

それはドーパミンがバンバン出ていることにもなります。でも報酬系が無限に回りっぱなしになると人間は死んでしまうことにもなりかねません。ドーパミンを出し続けるように強く作用するのが覚醒剤で、「人間やめます」にならざるを得ない状況をつくります。「ほどほど」の域を超えないようにするのが生体の機能でもありますから、クスリでそれを真似しようとすると不具合が生じやすいのです。

私たちの行動には、とかく理性的なブレーキがなければなりません。理性が宿るのは、発達した脳の外側つまり大脳皮質で、特に額の裏側にある「前頭前野」と呼ばれる部分だといわれています。その「人間らしさ」の場所が、状況を認識したりものごとを整理したりしてブレーキをかける役目を果たすのです。

このブレーキは不安にも効きます。前頭前野は不安や危機を感じた時に活動している扁桃体や島皮質とも神経でつながっているからです。そうして、心に忍び寄る不安を払うようにコントロールしているのです。

Q：報酬系という概念とそれが脳のどの場所で起きるかわかったところで、「ひとつとせ」。上手くいきそうな可能性が50：50のときに一番ヤルキが湧くというのは、脳科学的にはどのように考えればよいのでしょうか。

「かぞえ歌」ではアトキンソンの説が紹介されています。ずいぶん前の心理学的な説明ですが、脳科学的にはっきりと証明されたのは、つい最近の2010年のことでした。パトリック・アンセルム（Patrick Anselme）という脳科学者が実験で明らかにしました。

脳科学は実験科学ですから、実験室で出てきた結果がベースにならなければなりません。アンセルムが行った実験は、サルの脳に電極を差して報酬系の電気活動を測定することでした。そうするとやはり報酬が手に入る確率が50％のときに活動性が最大になったのです。つまり、報酬系の

働きが最大になった、ドーパミンが最大に放出されたということです。M-1の山形のグラフでは縦軸はモチベーションの強さになっていますが、その軸がそのまま報酬系の活動に置き換えられるという形になったのです。

　ここで重要なことは、報酬系は報酬を「もらったとき」ではなく「もらえるかも」と思ったのときに感じることです。「かも」がポイントです。というのは、報酬系の活動は「期待と誤差」によって盛んになるからです。

　報酬がもらえるという期待があると、報酬系が働き出します。ところが、すぐに思ったとおりのものがもらえると、ヤルキは続かないのです。そこで報酬系の活動がおさまってしまうからです。

　そして報酬系の活動性は、期待したものと手に入ったものとの間に誤差があったときにも高まります。報酬予測との「誤差信号」が出るので「活動性が大きくなっているな」とわかるのです。サプライズのプレゼントを貰ったときの嬉しさがひときわ大きいのはそのせいでしょう。この性質は組織での人材マネジメントにも応用できるものだと思います。

Q：やはり目標の設定が大切ということですね。やはりそれが「１歩目を踏み出す」ことに関係するのでしょうか。

　ヤルキの中でも仕事と一番関係がありそうなのは、目標設定です。設定した目標を「越えることができそうだな」と思ったとき、脳内の報酬系に関連した神経回路の活動性が高まります。

多くの場合、「仕事ができる人」は目標を設定し、それを達成することで得られる報酬を「気持ちいい！」と感じるのです。それが、将来の行動を規定します。逆にいえば仕事のできる人の中には、目標を立てては報酬系を動かしている人がたくさんいます。それで「気持ちいい！」と思うと更に高い目標を立ててまた「気持ちいい！」という良いサイクルに入っていくのです。必ずしもすべての人がそうしているとは限りませんが。

　アンセルムは、それを越える成功確率が50％となるように目標が設定された場合に報酬系回路の活動性が極大になることを示しました。これを逆手に取れば、自分が最大限に出来たときにやりきれる可能性が50％であるように目標を設定していくと、脳内では最大の報酬となるのです。つまり、自分で目標を立てることが許される場面では、脳内の報酬系の活動を最大化するように目標設定すると良いということです。投げ輪の実験で、自分で絶妙の距離をとることと同じです。

　目標設定はあくまでも「自分で」行うことがポイントです。他人から押し付けられた目標では、報酬系が最大限に働くポイントをついているかどうか保証はありません。投げ輪の実験でも、自分で設定するからこそ自分にとってベストな場所に置けるのです。他人にはそんな絶妙のコントロールはできません。

　「１歩踏み出す」ときには、側坐核に「作業興奮」という現象がおこります。一般的にはヤルキがあるから作業して、その結果に対して報酬を感じると考えられていますが、「作業をすることでヤルキが湧く」という逆のつながり方もあるのです。ですから、単純作業のような低いものでよいので、最初のハードルを越えることが大切です。人間の行動というものは、自分の脳内報酬系の活動を高めるようにうまくできています。それを使うことがコツなのです。

Q：「ふたつとせ」のなかでは、特に「内発的報酬」や「２要因理論」は脳の働きに関係すると考えてよいのでしょうか？

　内発的動機づけも、目標設定に関わります。繰り返しになりますが、

自分で自分に成功確率50％のハードルをもうけていくことが、内発的動機づけのひとつの説明になるからです。

　外発的動機づけとは「これができればご褒美あげるよ！」と飴をちらつかせたり「これができなければひどい目にあうよ！」と鞭で脅かしたりする方法です。でも既に説明したように、どこまですれば飴がもらえるのか、あるいは鞭が待っているのかという基準は他人が設定しているわけです。目標を決めるのが自分であれば50％のポイントがどのへんか直感的にもわかるので自動調整できるのですが、他人はそこがどこにあるか知らない——そこが外発的報酬の難しさです。それに、そもそも飴が好きで鞭が嫌いなのかさえ分からないケースが多いのです。

　外発的動機づけにおける報酬の形態は、給与・厚生・賞賛などいろいろなものがあります。しかし、実際の脳にとっての報酬は報酬系が働いた結果として出たドーパミンです。つまり外発的動機づけにおける報酬は脳内でドーパミンを出すスイッチとして機能しているのです。

　会社や上司は、そのひとが押して欲しいスイッチがわかれば、そこを押してやればよいのですが、そこがなかなかわからないのです。その点をうまくこなせるかどうかが、インセンティブを使ったり評価などの制度設計を行ったりする際の鍵になります。

　モチベーションには、長く効果が続くものや線香花火のように短い間で消えてしまうものもあります。多分、それが２要因理論につながります。「ないとがっかり」の衛生要因は必要なもの。ずっと「あり続ける」ようにしておかなければなりません。無くなれば途端にモチベーションが下がってしまいます。

　それに対して「あると嬉しい」モチベーターはひとの価値観に影響されます。人それぞれなのです。例えば、人前でほめられることが嬉しい人ばかりとは限りません。恥ずかしいから勘弁してほしいと感じる人もいるのです。また、仕事そのものが大切といっても、どんな仕事が好きかは千差万別です。動機づけ要因は、テーラーメードでひとりひとりのモチベーション・ファクターを探して上手くツボに当てて初めて効くのです。

Q:「みっつとせ」は、期待理論です。人は3種類の見積もりをすると説明してみましたが「期待」は「見積もり」と言い換えてよいのでしょうか？

「みっつのみつもり」というのは韻も踏んであってうまいですね。それはともかく、期待感は「見積もり」と考えてもいいと思います。

ドーパミンは、「この仕事をやり遂げたら褒美がもらえるかも」と予想したときに出ます。逆に期待が裏切られると、がっかりしたり頭にきたりするものです。何に対して予想が当たったり裏切られたりするかというと、自分が持っている期待値に対してです。期待値は「何かいいことないかな」という単なる期待とは違います。手に入る喜びの大きさに確率を掛け合わせたものですから、「見積もり」に近いといえますね。人間は瞬時に計算するのです。

何をすべきかクリアに見えるほど、またゴールに近づいていくほど、達成できる期待値が高まりますからヤルキは高まります。これが、目標を明確化することの意味です。具体的なゴール像が見えると現実とのギャップを知ることになり、報酬系が動く要因にもなるのです。

目標を達成した結果手に入るものには、数値化できるものとできないものがあります。お金は紙や金属に数字が書いてあるものとして考えると数字そのものですが、記号に過ぎません。ただし社会的に契約された記号なので、その先には他の価値のある対象が存在するわけです。人はそのお金によって交換できるものに対する価値を想定して、報酬を感じているのです。でも、お金に変えられない価値があるのも事実です。例えば「やったぜ！」と思う達成感も数値に置き換えることができないもののひとつです。やった先にプレゼントがなくても、達成感そのものを報酬と感じる人は突き進めるのです。達成感を感じることができるかどうかは、「何のためにひとは仕事をするのか」という根源的な問いに関わっています。

見積もりは脳内での情報処理です。ある行動をとった場合にはどんな確率でどんな成果となりどんなよいものにつながるか。行動を行わなかった場合にはどんな確率でどんな結果となりどんなにいやなことが起こるか。人間はそれらの価値判断をしているのです。

このとき「思った結果を自分自身で引き出すことができる」という気持ちは「自分ならなんとかできる」という内的な統制感があれば高まります。「4つとせ」のセルフ・エフィカシーの源の最初のものです。

Q：自己効力感については「8つの顔」について一緒に論文を書いたこともありますので、その内容を踏まえながらご説明をお願いできますか？

　自己効力感の源の1番目は「過去にできたからこれからも何とかなるだろう」という気持ちですね。過去の成功体験が「自分はやれる」という気持ちにつながるというのは脳科学を持ち出すまでもなく自然なことだと思いますが、脳内の記憶情報を基にして自己効力感が形成されるともいえますから、その意味で脳の活動に関連しています。
　ただ、同じような成果を挙げたとしても、それを成功と思っていたり思わなかったりすることはあると思います。成功の定義は人によって違うということです。例えば、ひとつのハードルを越えさえすればそれで成功と思うひともいれば、次にもっと高いハードルをすぐ自らに課す人もいます。
　成功したかどうかという議論を行う時には目標が前提にされています。そして、報酬系が動くかどうかはやはり「成功確率50％」にかかわっているわけです。成功確率が高い課題は結果こそ出やすいけれど、脳の中では満足感がでないわけですから、成功としては感じられにくいでしょう。
　人は一度バーを超えると通常はそれを基点にして次のバーを設定します。つまり自分で50％のハードルをどんどん高めていっているということです。そのサイクルに入れば、さらに高い業績につながると思います。
　一方で目標設定には結局M-3の「みつもり」が働いています。自分がどの程度できるかを設定したバーとの関係から見積もっているからです。つまり「私はできる」という気持ちと「私はやってきた」という気持ちは「あわせ技で一本」になるのです。
　人は実績という土台の上に立って、さらにハードルを立てます。過去の経験によってハードルを見上げる角度は異なりますから、成功体験があると次に越えるべきハードルの高さが違ってみえるということなのでしょう。

2番目の周囲を見て自分もできるという代理体験は、「自分とは何か」という認知に対して周囲の状況が影響を与えるということだと解釈できます。誰しも自分はまわりと一緒だと思いたいという心理が働きますから、皆が出来ていれば自分もできるはずと思います。勘違いかも知れないけれども、それでよいのです。たいていの人の成功は勘違いから出発していますし、それがなくては恐ろしくてできないことも多いからです。

　3番目の社会的説得については、他者が「勘違いさせてあげること」を含めても良いと思います。他者の説得を受け入れるかどうかは自分自身。人はどんな説得でも受け入れられるわけではありません。「自分はこうありたい」と思い、何がしか「できる」と自負していることについて、「君ならできる」と言ってもらうと受け入れやすいです。

　また、誰が社会的説得を行うかもポイントです。コミュニケーションの土台となるのは、相互に信頼している状態つまりラポールです。気持ちの上での受け入れが高くないと説得も無駄に終わるのです。また社会的説得は、実際に結果が出てみて説得したことが外れだったとわかると却って逆効果になります。その意味でも、気をつける必要があります。

　「ジョハリの窓」を開くといわれるコーチングは、単純な社会的説得以上に効果的なのではないかと思っています。コーチがうまく自分の内なる思いを引き出してくれて自分で心底納得できれば、「社会的」を超えて、自己認知になるからです。答えを言うティーチングではなく「自分で気づくように仕向ける」という形での説得が結局は一番効くのだと思います。

　4番目は生理的な状態やムードと呼ばれるものです。人間は結構いろいろなものに影響を受けます。例えば、月の満ち欠けは引力なので脳のなかのイオン分布が変わるというひともいます。満月や新月のときには交通事故が多いことは統計でも示されているようです。単に体調が良い悪いということだけでなく、周囲の環境要因によって認知がうまくいかないことがあるのです。

Q：自己効力感には4つの源と一緒に「それが高まるとどのような影響があるか」も示されていますね。こちらについてはどうでしょうか？

　自己効力感は、いろいろなものに影響を与えます。
　まず、自分が置かれた状況や目標についてどう見るか、つまり認知に影響を与えます。特に、困難な状況があったときにそれを乗り越えていくためには、やはり「自分はできるはず」という自信が必要です。それがあってはじめて「どうすれば良いか」と考えることができ、「やってみよう」と思えるのです。
　自己効力感が高いと、自分により高い目標を課すようになります。もっとも、これは自己評価に依存しているわけですから、客観的な能力と評価が乖離していることもあるでしょう。でも、報酬系の神経活動はあくまでも「主観的要因」で決まります。ですから、たとえ自分の見立てと他人の見立てとの間にずれがあったとしても、自己評価の側に傾いていきがちなのです。高い自己効力感は前向きな意識につながるのです。会社ではより困難な目標を設定してそれを成し遂げた人が目立ちますから、達成自体が承認欲求や自己実現欲求を満たすことにつながるのかも知れません。
　自己効力感が高いと、平静さを保ってその場の状況を把握することもできます。このことは、前頭前野の機能と高い関連性があります。扁桃体の活動に対してブレーキが効くということです。また自己効力感が高いといわれもない不安にかられないで済みますし、脅威と思われるような環境においても落ち着いて理性的に行動できるようになります。
　自己効力感は、難しい状況に陥ってしまったときに感じるストレスに影響を与えます。適度な自信があると、たとえストレスの多い環境に晒されてもポジティブな受け止め方ができます。例えば「ストレスがあったほうが却って頑張れる」といった風に。そもそもほんとうのストレスとは、ストレスそのものというよりも「自分はストレスに勝てないのではないだろうか」と思うことです。それが心理的にはマイナス要因として働くのです。
　脳科学や生理学分野の研究では動物にストレスを与える実験を行う場合があるのですが、ストレスを自分でコントロールできない条件に置かれる

と動物でも人間でも「学習性無力感」と呼ばれる状態に陥ります。高い自己効力感があると、心に忍び寄る不安をコントロールすることができるようになります。また、脅威と思われる環境を安全なものに変えていくための行動を起こすことができ、実際に不安を軽減していくのです。

　人間がストレスを感じるときに、多くの場合は自分自身が描いた状況と現実が異なることが原因となっています。アメリカの心理学者レオン・フェスティンガー（Leon Festinger）が唱えた「認知的不協和」の状態です。人が自分自身で矛盾する認知を同時に持ったり、状況と認知が異なったりするときに感じる何とも落ち着かない感じのことです。

　認知にずれがあると「面白くない」と感じたり、極端な場合には頭に来たりします。そんな負の感情と関連が強いのは、扁桃体と島皮質と呼ばれる場所です。扁桃体は記憶をつかさどる海馬の近くにあります。これらは神経投射をしていて、機能としても影響を与えています。つまり、記憶が情緒に関係するということです。

　人は課題が目前に迫ると、まず過去の体験を思い出してから、克服できるか否かを判断する指標を作ります。自己効力感が高ければ、自分の体験の記憶を通してストレスを乗り越えることが可能かどうか考え、心理的・身体的なコストはどの程度かを考えて、対処できるのです。

Q：「いつつとせ」は、有名なマズローの説ですね。これを脳科学的に説明するとどのようなことになるのでしょうか？

　この本で「5段の鏡餅」と呼ばれているものについては、マクリーンの枠組みと関連づけて考えると面白いと思います。最初に述べたように、マクリーンは脳を3階層に分けて、それぞれの階層には系統発生をなぞるように3種類の動物のイメージを割り当てました。一番内側から外側に向けて「爬虫類」「哺乳類」「新哺乳類」の順です。視床下部は一番内側にあります。生きるために必要なホルモンの多くを分泌したり、自分の意志で働かせることのできない自律神経の調節を行ったりします。前頭前野は一番外側にあります。知性を持つ「ホモ・サピエンス」に特徴的に発達した

部分です。このように脳に階層性があることと鏡餅が5段に重なっていることの間には、相関性があると考えることもできると思います。

　直接的な脳科学の話ではありませんが、ヒトが社会性を持った動物だという視点から考えると「所属のニーズ」は哺乳類が群れを形成して生き残りに成功してきたことと関係が深いと思います。群れによって外敵から身を守ることで生存競争を勝ち抜いてきたわけですから、いわゆる「村八分」の状態になるのは死活問題です。つまり、「どこかのコミュニティに所属したい」と思うのは、哺乳類であるヒトにとってはごく自然だということです。欲求の階層性に沿って考えると、このような欲求が満たされたと感じることが、さらに高次の欲求を抱く駆動力にもなります。より高いニーズを引き出す仕組みをつくりあげるためには、早い時期に安全や所属のニーズを満たしておくことが必要になるといえるでしょう。

Q：「むっつとせ」は、学習に対するモチベーション。特に図の左上にあった「充実志向」は「勉強中毒」のような状況だと思うのですが。それは「ななつとせ」のフローに近い状況ともいえるのでしょうか。

　「むっつとせ」の市川先生の分類では、特に左上が興味深いですね。役に立たなくても学びたいのは、「わかること」からくる報酬自体が「学ぶ動機」になっているということだと解釈できます。

　「わかる」というのは、自分の持っているコンテンツ同士の新結合ができた状態です。「ひらめき」も同じですね。この状態は気持ちがよく、報酬系が働きます。

　もうひとつは「認知負荷」に関係します。勉強すればするほど脳内の情報が増えるため、新しい情報を得るために脳にかかる負担は小さくなっていきます。これが、認知負荷が下がるということです。本を読み進めるのでも、かなり勉強した分野では、まだ知らないことを探すような読み方になるので読書のスピードも格段に早くなります。

　フローは、本の解説にあるように「よい意味でイッちゃっている」ということですから、まさにドーパミンが伝わっています。自分自身で難しい

目標を設定して、チャレンジして、クリアすることを繰り返していくと、「難しい」と「できる」の双方のレベルが上がって高度なバランスを保つことができるので、フローの状態になります。チャレンジする対象の主観的なハードルの高さを自分でコントロールしながら、報酬系を動かし続けるような目標を設定するとフローは維持できると思います。

　少しでも気が散ることがあるとフローの状態が消滅してしまうことについても、認知負荷の観点から説明できます。フローの間、人は極度に集中していてシャープに焦点が定まっています。文字通りスポットライトが当たっているような状態です。そこに情報として脳に入ってきたものが予想通りのものであれば認知負荷が低いので集中が途切れることはあまりありません。でも予想外のものが突然入ってくると、まず「それはなんだろう」「危険ではないか」「怪しくないか」と安全性を確認しなければなりません。フローとは、没頭していて音が聞こえないなどほかの感覚もなくなっている状態です。ゼロから注意を向けなければならないというのはとても認知の負荷が高いことなのです。

Q：「やっつとせ」の「コミットメントの８つの顔」は共同で研究した内容をまとめたものですが、脳科学の観点から解説をいただけますか？

　「やります！」のコミットメントと「やりたい！」のモチベーションは相互に関係しあっています。モチベーションが脳内の報酬系神経回路の活動性と深く関連していることは既に述べたとおりです。特に、自分で決めた目標を達成することにやり甲斐を感じて没入していくことはある種のフローとも言えるのですが、取りも直さずその対象に対してコミットしている状態でもあるのです。

　共同作業には足並みを揃えてものごとを進めることはとても大切です。例えば論文を共同で書くためには一緒にフローに入らなければなりません。一方で没入といっても、相手が全く見えなければ足並みは揃いませんから、「没頭しつつ醒めている」という具合にその兼ね合いが大切です。コミットメントは「やりきる」ことですが、適度な距離感も有用なのです。

コミットメントは「能動的」でもあり「受動的」でもあります。脳の報酬系神経回路の活動性を指標にとると、対象に能動的に関与するか受動的に関与するかの違いは、「やりたい！」に変化を与える可能性があります。能動的に関わると報酬系が働いてモチベーションが高まり、受動的に関わると報酬系が働かないのでモチベーションの維持が難しくなったり、突然「萎える」という現象が起こったりします。

　能動と受動は裏腹の関係にありスパッと分かれるものではありません。「やらされ感」があるとヤルキが出ないといいますが、そのような受動的な状況であっても、部分的にでも「自分が能動的にやっている」と思えることを見いだすことができればモチベーションを高めることができます。何かにコミットした場合には、部分的にであっても能動的な要素をいち早く作り出すことが、脳科学的には「お得」といえるのです。

　また、コミットメントは「ポジティブ」と「ネガティブ」の両方から考えることもできます。コミットすればなんらかの形で自分の欲求を満たすことができるというのがポジティブな側面です。コミットしないことによる懲罰を避けたいというのがネガティブな側面です。そしてこの懲罰にも「ふたつとせ」に出てきた内的要因と外的要因が考えられます。

　懲罰性における外的要因としては罰金や刑罰などがあります。内的要因がどのようなものかというと、自分の価値観、自己イメージ、自分に対する期待といったものにそぐわなくて認知的不協和を起こしてしまうことです。ここで受ける心理的なダメージは「喪失に対する恐怖心」と考えるとわかりやすいと思います。哺乳類の歴史は飢餓との戦いなので、何かを失うことを恐怖に感じるような精神構造になっているのです。

　コミットメントはストラテジーの章との関係で考えることもできます。なぜなら、コミットすることは何かを選び何かを捨てることだからです。逆に、過去の繰り返しによって学んでいて、なにかあれば行動が自動的に引きおこされるものを「習慣的行動」といいます。ひとつひとつ判断したり考えたりしないでも体が反応したりすることは、戦略的とはいえません。

　どのような行動をとったらよいかすぐには決まらないこともあります。何かを決定し行動を起こすためには、まず目標を掲げるのが良いのです。

目標が戦略的な意思決定に関わるというのは、そういうことです。

　よい意思決定を行って適切な行動を導いていくためには、自分が何を認知しているということをより高いレベルで認知しなければなりません。「メタ認知」と呼ばれるもので、判断が正しいかどうかの分別に関わる能力とされています。「かぞえ歌」のひとつの効能は、ひとつの枠組みだけに囚われないメタ認知を持てるようになることだと思います（S-9参照）。

　人間であれ動物であれ、外界を認識して情報を得て、それをもとに外界に働きかけています。ですから、「世界」をどう判断して情報を脳内で処理するかはとても大切です。ちなみに、コミットをしている対象についてどのように価値判断するかについては、「前頭眼窩野」と呼ばれる場所が活動すると考えられています。

　認知のなかでも「自己認知」は特別に難しいものです。自分を見つめる眼をもつためには、認知している自分を認知する必要があります。そのように1段高いところから自分を見ることがメタ認知なのです。メタ認知の能力が高い人は、知性をつかさどる脳の新しい領域が活発に活動しているといわれています。

Q：最後に「ここのつとせ」の「くやしさバネ」についてですが、そもそも悔しいというのはどんな状態なのでしょうか？

　「悔しい」という気持ちは、認知的不協和を外から与えられるということで説明できるのではないでしょうか。「自分はできる」と思っているのに人から「あなたにできるはずがない」といわれると、心の中で不協和が生まれるからです。

　でも、ここで「不協和を解消する」ことをひとつの前向きな目標と考え、その目標を達成できる可能性が50％あるとすれば、ヤルキが出ることになります。それが「バネ」という言葉が意味するところだと思います。

　「くやしさバネ」は、内心自信があるときに働くものですが、やはりここでも50％の原理が働くはずです。人は全く自信がないことには本気の努力をする気も起きません。「しゅん」となる状態です。でも逆に完璧に

自信がある状態でも努力しないかも知れません。「金持ち喧嘩せず」です。
　認知的不協和の理論では、人間は事実を変える努力をせずに事実の認知のほうを変えて不協和を低減する道を選ぶとされています。それに対して努力をして不協和を低減しようとすることが「くやしさバネ」の本質といえるのではないでしょうか。

Q：最後の質問です。この本を書こうとしてアイディアをまとめていく過程で「S・M・Lで服やみかんのサイズになっている」とか「それぞれ『かぞえ歌』にできる！」と気づいた時にヤルキに火がついて一気に進んだのですが、脳科学の観点からはどう理解すればよいのでしょうか？

　人間は、対称的になっているものが好きだという性質があります。高度なアートであれば1点非対称なものがあると美しさを感じるものですが、それでも人は基本的に対称性に「気持ちよさ」や「落ち着き」を感じます。言葉を換えると、人間には「欠けているもの」があるとそれを埋めたい欲求が出てくるのでしょう。ジグゾーパズルの最後のピースがはまると、気持ちよさを感じますが、この時にはドーパミンが放出されていると考えられます。
　例えばこの本を読み終えた人が「かぞえ歌」のなかでひとつだけ思い出せないものがあったとします。きっと気持ち悪くて仕方ない状態になると思います。そのような不快さから逃れたくて人は覚えたり思い出したりする努力を行います。穿った見方をすれば、「S/M/Lの3つのかぞえ歌」は人間が欠落を埋めようとする心理を利用しているのかも知れません。
　この本のもうひとつの意図は、フレームワークそのものを理解するということだと思います。「世界をどう整理するか」に関わります。
　私たちは自分たちが生きている環境を「世界」と呼びます。単に生活する範囲を世界と呼ぶのではありません。情報も自分の世界を構成します。ところが、脳の容量には限度があります。次から次へと情報を詰め込むと、世界が無限に広がるのでなくて脳のなかがごちゃごちゃになって却って考えられなくなってしまいます。

このことは部屋を整理しないと荷物でいっぱいになって自分が動けなくなってしまうことに似ています。自分の部屋は文字通り自分の「世界」です。まずは３つの大部屋にわけて、次にそれぞれ９つの小部屋に分けましょうという「世界の整理」が、この本の提案なのだと思います。

　部屋の喩えは、メタ認知にも関わります。部屋は世界の一部です。世界を作っているのはその人の脳ですから、部屋は人の中にあります。同時に自分は部屋のなかに入っています。このぐるぐる回りから脱する方法のひとつが「メタ認知」、つまり部屋に入っている自分を見るということです。

　部屋を鳥の目で見ることができれば、高い次元から部屋にいる自分を見ることができます。ここでもう１段ジャンプすれば、そんな自分を更に上空からメタ認知できます。もう「メタメタ」ですね。もちろん学術用語ではありませんが。メタメタ認知の方法のひとつが、「世界の見方」そのものを並べてみることです。そのひとつの方法が「かぞえ歌」ということになるのでしょう。

　人間は大脳皮質の前頭前野を存分に使うと、メタ認知やメタメタ認知ができるようになります。自分に対してブレーキとアクセルを踏み分けることができるようになれば、自己コントロールや自己マネジメントができるようになります。それが「大人」になるということなのかも知れません。

L

リーダーシップのかぞえ歌

L-1：ひとつとせ
１歩でも先をゆく人のありかた（original）

最初はいつも定義から。まずは足元を固めたいと思います。

「リーダーシップ（leadership）」を考えるにあたり、この言葉を分解して考えてみる方法があります。

漢字が偏と旁や冠と脚に分かれるように、リーダーシップという言葉は「リーダー（leader）」と「〜シップ（-ship）」に分かれます。そしてさらに分けると、リーダーとは「リードする（lead）」「ひと（-er）」のことです。

それでは、「リードする」というのは一体どういう意味でしょうか？名詞としての「リード」は何を意味するか考えてみてください。

リードは、例えば野球では「盗塁しようとして少しベースから離れる」こと。ゲームでは、「点差をつけて相手を引き離す」こと。犬やペットの散歩では「引き綱」。新聞や雑誌の記事では「書き出しの要約」のこと、半導体部品などの電子部品では「電気を伝えるための短い電線」のこと。音楽ではリードボーカルやリードギターなどのように「主旋律担当」を意味します。

意外なことに「強い力でぐいぐい引っ張る」というものはあまりありません。リードするとは、もともと「先に行って・導く」こと。リードは後に「先にある場所にいる」という意味で使われるようになりました。

つまり、リードという言葉には「先行」のニュアンスが強く出ているのです。そこから素直に訳せば「リーダー」とは「先行者」です。

それに対して、「先に」に「導く」のニュアンスがブレンドされると「先導者」という言葉になります。教えるという意味あいが含まれると「指導者」となります。全体をまとめあげるという含意が強くなると「統率者」となります。

リーダーという言葉は、もちろん大企業のCEOなど会社のトップを意味することもありますが、もっと身近な文脈で使われることもあります。統率者＞指導者＞先導者＞先行者という風に少しずつニュアンスが変化しており、そのいずれもリーダーだからです。遥か高いところから統率してくれる人も、僅か「1歩だけ先」にいる人も、共にリーダーなのです。

2人いれば、ある局面においてはどちらかがリーダーです。人数が少なくても「リーダーシップ」は必要です。ですから、リーダーシップは限られた人の問題ではなく、すべての人の問題なのです。

「おわりに」でインタビューをさせていただく元スターバックスジャパンCEOの岩田松雄さんは、2012年から何冊ものベストセラーを書かれました。なかでも最も売れた本は『「ついていきたい」と思われるリーダーになる51の考え方』。帯のキャッチフレーズには「リーダーは弱くてもかまわない」とあります。きっとその言葉は多くのひとの心に響いたのでしょう。

「リーダー」の部分については多少わかったとして、今度は「〜シップ」とは何なのでしょうか？（ちなみに「船」ではありません！）

ある言葉の部分について「それは一体何か」を知りたいときには、それがつく言葉を片っ端から並べてみるという方法があります。例えば「木偏」の言葉を「松・杉・桃・材」と並べてみると、日本語を知らないひとでも一目瞭然「なるほど木のことか」と理解できます。更に「机・札・杖」と並べると、「木」でできているものも含むことがわかります。そのことから「村」も木に関係あるのかと腑に落ちます。

英語の場合も同様です。「〜シップ」のつくことばをたくさん並べてみればよいのです。どのくらい思いつきますか？

まずスポーツマンシップ、フレンドシップ、アントレプレナーシップなど。これらの言葉には、どちらかといえば「あるべき姿（ありかた）」のニュアンスを私は感じます。次に、パートナーシップ、シチズンシップ、クラフトマンシップ、ワークマンシップなど。「ありかた」と同時に「〜であること（ありさま）」といった中立的な響きもあります。チャンピオンシップが選手権、オーナーシップが所有権、メンバーシップが会員資格を意味するのは、「ありさま」の要素がさらに強いからです。多くの人がお金（奨学金）だと思っているスカラーシップも、もともとは「学者（スカラー）であること」です。

⟵ 精神性強くない　　　　〇〇者精神：精神性強い ⟶
sportsmanship
leadership
partnership
entrepreneurship
friendship
citizenship
championship
ownership
membership
scholarship
penmanship

「ありかた」も「ありさま」も「本質（エッセンス）」です。つまり、「リーダーシップ」とは、1歩でも先を行くひとに求められるありかたであり、そのようなひとが持っているありさまなのです。

個人にとって、自分のリーダーシップは「発揮」するものです。英語ではデモンストレート（demonstrate）です。発揮するためには、先見性や先駆性、指導力や統率力が必要。そのような言葉に含まれる「性」や「力」が「〜シップ」に相当するといってもよいと思います。表に出て花開いて誰の目にも明らかにすることが「リーダーシップのデモンストレーション」です。

組織にとって、メンバーのリーダーシップは「開発」するものです。英語ではディベロップメント（development）です。「はじめに」で述べたように、ディベロップとは英語の本来の意味に立ち返ると、本来持っているものを引き出すこと。覆っていた包みを解くと、本質としてのあらわれる種が「〜シップ」の意味するところなのです。もともとそのひとが持っている「1歩先行くひとの『シップ』（本質・性・力・種）」を「見つけて・引き出して・開花させる」こと。それが「リーダーシップ・ディベロップメント」です。

場面や状況が変われば、様々な人が入れ替わりでリーダーとなります。リーダーシップは持ちまわりが可能（L-エッセイ参照）です。

リーダーシップは開発されてこそ発揮できます。同時に、発揮した経験があるからこそ開発されていきます。リーダーシップの発揮と開発は互いに強化しながら同時進行します。そのような好循環が始まれば個人も組織も両方ハッピー。まさに win = win の関係になるのです。

なお、「はじめに」でも述べたようにこの項と続く L-2 から L-6 の項および L の章のエッセイは、日本経営協会（NOMA）向けに執筆した通信教育教材『管理者のリーダーシップ』の内容の関連する部分を踏まえ、許可を得て加筆修正を行ったものです。感謝して注記します。

L-2：ふたつとせ
2つのディベート（三隅）

　リーダーシップをめぐっては、数多くの対立する考え方があります。この項では、そのうち2つの対立するペアをご紹介します。

　そのひとつは、リーダーシップは「氏（うじ）」か「育ち」かという問題です。英語では「ネイチャー（nature）かナーチャー（nurture）か」と表現します。

　もうひとつは、リーダーシップの機能は「目的の達成」か「グループの結束維持か」という問題です。

　結論を先に言っておけばいずれのペアについても「どちらの意見も正しい」のですが、それを言ってしまうと「リーダーシップのふたつとせ」がここで終わってしまいます。敢えて「それぞれの正しさ」を考えてみることで本質に迫ってみたいと思います。

　対立する考え方があるとき、クラスでは「簡単ディベート」を行います。ディベートでは、自分の意見ではなく与えられた立場で論じあい、相手の論理的弱点をたたきます。いわば、ロジックのボクシングです。

　ちゃんとしたディベートでは長時間議論してどちらのロジックが強いか審判も行うのですが、単に立場を分けて議論するのが、私が「簡単ディベート」と呼んでいる方法です。どんな議論が可能でしょうか？

第1の簡単ディベート：「ネイチャー」か「ナーチャー」か？

　この問いはリーダーシップを巡る議論の中で最初の出発点となります。

　ネイチャー（nature）は「自然」という意味ですから、リーダーシップは「生まれつき」というのが「ネイチャー派」の立場です。

　ナーチャー（nurture）は「養育」ですから、リーダーシップは「教育・訓練を通して育成・開発可能」というのが「ナーチャー派」の立場です。

　それぞれの主張に耳を傾けてみましょう。

まずは、ネイチャー派の主張。

「リーダーシップはもちろん生まれつきです。だって、小学校のときから今日は何をして遊ぶかを決めるリーダーがいるじゃないですか。リーダーシップは生まれつきに決まっています」

「優れたリーダーのなかには『カリスマ性がある』と形容される人もいるじゃないですか。カリスマ性が練習して獲得できるなら、今日から練習しますよ。明るさだって頭の良さだってそうです。持って生まれた魅力的な資質があることは、少なくともリーダーへの近道なのです」

「動物にも、リーダー的存在がいます。群で暮らす『社会的動物』を観察してください。群を率いている特別な個体がいます。狼のリーダーは意思決定して群れを率いて食べ物を獲得するだけでなく、子分たちにちゃんと分配もします。でも狼がリーダーシップ・トレーニングを受けていますか？　ひとは動物とは違いますが、動物の一種でもあります。もし動物に『生まれながらのリーダーシップ』があるのなら、人間にだってあるはずです。」

続いて、ナーチャー派の主張。

「いやいや、リーダーシップはもちろんいかに育つか育てるかです。ガキ大将がそのまま社会でもリーダーになっていますか？　かつては特別ではないと思われていても後で頭角を現してリーダーになった人だってたくさんいるじゃないですか。人はリーダーシップを学ぶのです」

「リーダーとしてのあるべき姿を学び、それを意識して行動すると、何らかの成功体験を得ます。それがもとになって、より大きなチャンスが来たときに高いレベルでのリーダーシップが発揮できます。リーダーシップについて学ぶからこそ、より高次のリーダーとなっていくのです」

「王の子は確かに次の王になります。その意味では、『氏』の問題です。しかし考えてもみてください。「お世継ぎ」は幼い頃から特別な教育を受けているじゃないですか。「帝王学」です。それが存在すること自体、リーダーシップは実は育成の問題だということになるのです」

このようにしてかなり議論は白熱するのですが、言うまでもなく答えは「両方正しい」です。どのような意味で両方正しいか考えるのに先立ち、リーダーとリーダーシップの違いについて整理しておきます。

　リーダーが「ひと」（または個体）を指すのに対してリーダーシップは「資質（trait）」です。資質とは人間が要素として持っている「もと」のようなものです。

　まずはリーダーについて。素朴なリーダー論はリーダーとは「グレート・マン（great man：偉人）」であるというもので、ネイチャーを前提としています。それに対して、グレートなのはものごとのほうであるという「グレート・イベント（great event）」の考え方があります。大きなイベントがリーダーをつくるというわけです。このような考え方はナーチャー派であるといえるでしょう。

　次は資質について。優れたリーダーを構成する要素は「数多くのリーダーたちに共通する特性」と「特定のリーダー固有の特性」に分けて考えることもできるかも知れません。共通する資質を多く持つリーダーを見分けようとする努力は、「リーダーになる人間は、程度の差こそあれ、他の人間とは異なった優れた資質を持つ」という考え方をもとにしていますから、「ネイチャー派」を擁護するものでしょう。一方で、共通の資質であれ特有な資質であれ、それらを見つけて伸ばそうという考え方の基本は「ナーチャー派」に属すると考えられます。

　一方で、仮にそれを認めるとしても、リーダーとしての優れた資質のなかには「学ぶ姿勢や能力」も間違いなく含まれます。そうだとしたら、そのこと自体「ナーチャー派」の立場を擁護しています。この「入れ子の関係」もあって、ネイチャーとナーチャーは「両方正しい」のです。

第2の簡単ディベート：「目的の達成」か「グループの結束維持」か？

　リーダーシップが発揮されるとグループの業績があがり易くなります。また、グループの結束力も高まり、メンバーのやる気が高まりグループが一丸となります。リーダーシップの機能としては、この2つのうちどちらが重要なのでしょうか？　結論的には、もちろん「両方重要」です。しかし「敢えていえばどちらを優先するか（あるいは第一義的か）」という問いを立てているわけです。

　リーダーシップの一義的な機能は「グループの目的を達成して成果をあげることである」。ごもっともです。そのような考え方を仮に「仕事成果派」と呼んでみましょう。それに対して「グループの結束を維持して人間関係をよくすることである」という考え方をする人たちを、仮に「人間関係派」と呼びます。

　まずは、仕事成果派の主張。

　「もちろん目的達成が先です。そもそも組織は目的を達成するために存在しているのであって。仲良しグループではありません。自分たちの仕事で業績をあげて目的を達成すれば、求心力なんていうものはおのずと生まれていくのです」

　「仕事のできるリーダーは将来を見通して計画を立て、個別のタスクやスケジュールや落とし込んだり、調整したり手配したりしてフォロワーを指導します。リーダーの役割は仕事にあり、です。ちゃんと仕事で成果を出さなければ、リーダーとしては認められません」

　続いて、人間関係派の主張。

　「もちろんグループの結束が先です。まずはお互いの気持ちが通じあってこそ、組織は成り立つのです。力をあわせる雰囲気がなければ、組織の目的の達成も難しいでしょう。まずは飲みにいきませんか！」

　「仕事ができるリーダーは、単に仕事自体をきちんとしているだけでなく、部下との良好な関係づくりにも配慮しています。単にあれこれ指示するのではなくて、共に目標を設定したり、相手の立場で考えたり、

支援を惜しまないからこそ『このひとについて行こう』と皆が思いひとつに『まとまる』じゃないですか」

　数多くの研究を通して、リーダーシップの機能は大きく2つに収束してくることが実証されてきました。それがこの簡単ディベートです。

　この点に関して、日本を代表するリーダーシップ研究者である三隅二不二は、1975年にこの2つの機能の概念に対してP機能とM機能と名づけた「PM理論」を提唱しました。

　Pはパフォーマンス（performance）の頭文字で、成し遂げること。リーダーは、目標達成と課題解決に向けて計画を立て、指示を出し、「結果」をもたらすことができる——これが、リーダーシップのP機能です。課題遂行・業績達成・目標到達などの項目によって測られるのが「P尺度」です。

　Mはメンテナンス（maintenance）の頭文字で、集団を維持すること。リーダーは、メンバーをよく理解し、親和的な雰囲気を醸成し凝集性（ぎょうしゅう）を高めて集団を維持する——これがM機能です。メンバーが満足して働けるようにする・お互いに良い人間関係をつくる・緊張をときほぐしていくといった項目で測られるのが「M尺度」です。

　PとMの機能のそれぞれがどの程度強いか弱いかを組み合わせると、次の4つの分類ができます（大文字はその機能が強いこと、小文字はその機能が弱いことを示します）。

「PM型」：目標達成能力も集団維持能力も高い

「Pm型」：目標達成能力は高いが集団維持能力は低い

「pM型」：目標達成能力は低いが集団維持能力は高い

「pm型」：目標達成能力も集団維持能力も低い

　PとMの機能は、「どちらかだけ」というものではなく掛け算的に効果を表します。どちらか一方が欠けても、急速にリーダーシップの効果性は薄まってしまうのです。4つの内で、グループとしての生産性を最も効果的に高めることのできるのはどのタイプでしょうか？　言う

までもなく、PM 型です。その逆に、グループの生産性を低くしてしまうリーダーは pm 型です。さてそこからが問題です。ひとには得意・不得意がありますから、一方は強いが他方は弱いということは十分に起こりそうです。それでは、目標達成能力のほうだけに優れている Pm 型のリーダーと、逆に集団維持能力のほうだけに優れている pM 型では、どちらがグループ全体の生産性をあげることができるのでしょうか？
三隅の研究では、短期的には Pm 型が勝り、長期的には pM 型が優れるとされています。

　議論のために敢えて対立させてみましたが、本当は P と M のどちらがより大切かということではなく、こちらも「両方正しい」です。むしろ、双方で相補うものです。ポイントは上手く合わせていくことです。

　例えば、上下関係がはっきりした組織においてトップが仕事中心の「P 型」であると、それに続くあらゆる職位を「P 型」のリーダーが占めてしまいがちです。逆もまたしかり。しかし、それでは組織は発展しません。組織のなかには、P 型の人間と M 型の人間が最適に混じっていることによって、組織全体として P も M も強い「PM 型」のリーダーシップが発揮されます。そしてそれは人事配置の要諦でもあるのです。

リーダーシップPM4類型

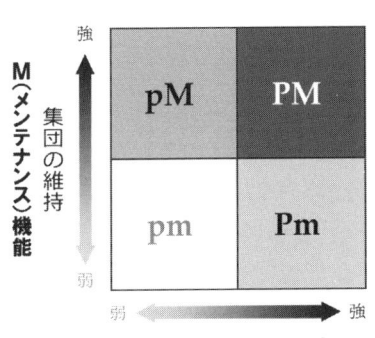

	弱 ← P(パフォーマンス)機能 目標達成・課題解決 → 強
M(メンテナンス)機能 集団の維持 強	pM / PM
弱	pm / Pm

両方いるからおもしろい。

出所：三隅二不二『リーダーシップの科学』p.71

L-3：みっつとせ
3つのスタイル（レヴィン）〜英語とどう向かい合うか

「はじめに」の「4つのお願い」のなかでも触れたように、この本はキーワードについてはもとの英語で補っています。その理由は、英語から日本語に、日本語から英語に翻訳をすると、微妙に意味が違ってしまうことがしばしばあるからです。意味のずれをそのままにして議論を進めることには、私はとても違和感を持っています。

英語と日本語など2つの異なる言語は1対1の対応をしていません。例えば、英語には「牛」という言葉はなく、「牡牛（ox）」か「牝牛（cow）」（更に肉になるとビーフ（beef）になります）。逆に日本語にはブラザー（brother）というひとつの言葉は存在しません。「兄」か「弟」のどちらかでしかあり得ないのです。英語圏と日本語圏では、言葉の成り立ち（＝世界の切り取り方）が異なるから仕方がないのです。

この項目では、そのような「翻訳の問題」と「リーダーシップのスタイル」の両方に関係する古典的な「アイオワ研究」を取り上げます。

ちなみに、スタイル（style）も英語とカタカナでは微妙に受け取られ方が異なる言葉ですので、説明しておきます。英語でスタイルとは「○○風」「○○流」「○○型」「○○式」といったようにパッと見てわかる独自の「らしさ」ことで、私は「風・流・型・式」と呼んでいます。もともとは尖ったもの（stylo）からきていますから、文体は典型的なスタイルです。

ひと口にリーダーシップと言ってもさまざまなスタイルがあります。「リーダーシップのアイオワ研究」は、心理学者のクルト・レヴィン（Kurt Lewin）らが1930年代にアイオワ大学で行った調査です。当時のアメリカでは、どのようなスタイルであれば効果的にリーダーシップを発揮できるかについての調査が盛んに行われました。アイオワ研究はそのなかで最も著名なもののひとつです。

レヴィンは、次の3種類の異なるリーダーシップ・スタイルの下で、集団の雰囲気やメンバーの行動にどのような違いが生まれるかについて実験を行いました。

　　　　1「専制的」　　2「放任的」　　3「民主的」

このうち、どれがいいと思いますか？

どれがいいかと聞かれても、日本人なら「この3択なら誰だって『民主的』がいいに決まってるじゃないか」と答えざるを得ないでしょう。

なぜなら、「専制」も「放任」も日本語ではそれ自体「よくないこと」とされているからです。

この3択に典型的にみられるように、翻訳には罠があります。

3つのスタイルをもとの英語に戻すと次のようになります。

「オートクラティック（autocratic）」（専制的と訳されているもの）

「レッセ＝フェール（laissez-faire）」（放任的と訳されているもの）

「デモクラティック（democratic）」（民主的と訳されているもの）

□ オートクラティック

オート（auto-）は、自動車（automobile）や自働（automatic）の"オート"と同様、「自」という意味です。ですから、オートクラティックとは「リーダー自ら」指示を出すことです。意思決定についても作業手順についても。「『俺の言うとおりにしろ』型」と言い換えることもできるでしょう。上から下への「トップダウン」ともいえます。

「リーダーはちゃんと指示を出さなければ部下はついてこないよ」という言い方は、オートクラティックなリーダーシップのスタイルが効果的だといっているのです。このようなスタイルの前提となっているのは「部下は消極的・受動的なものだ」という人間観であり、「命令を与えないと働かない」という暗黙の仮定です。

□ レッセ=フェール

　レッセ=フェールはフランス語で「なすに任せなさい」という意味です。「放任」という訳語をあてると、あたかもリーダーとしての責務を放棄しているかのようです。しかし、この言葉のほんとうの意味は、敢えて介入や干渉をしないほうがものごとは結果的に上手くいくということです。

　レッセ=フェールは自由主義や市場経済の根本原則。「神の見えざる手」です。「『お好きにおやんなさい』型」と言い換えることができます。「下手に手出しをしないのが一番」というフレーズは、レッセ=フェールのリーダーシップ・スタイルが却って効果的だという信念の表明です。

□ デモクラティック

　デモ (demo-) は、「民」です。民が主権を持つから民主主義。リーダーのサポートのもとで部下は話し合って方針を決定し、作業のしかたや手順などについてもリーダーは部下に任せる。「『君たちはどう思う？』型」と言い換えることもできるでしょう。下から上への「ボトムアップ」と考えることもできます。

　「リーダーはちゃんと部下の意見を聞かなければ誰もついてこないよ」と言う人は、デモクラティックなリーダーシップ・スタイルが効果的だという信念を語っているのです。

　民主的なスタイルの前提となっているのは「部下は任せれば意気に感じてやってくれる」という人間観であり「命令を与えなくても自ら働く」という暗黙の前提です。

　実際の職場でどのようなリーダーシップのスタイルが効果的なのかという問いに対しては、「常にこうだ」と決めることはできません。リーダーシップを発揮する対象の組織の特徴や状況次第で異なるからです。

　例えば、ひとりひとりの成熟度が不足しており、安定的状態に達していないグループではどうでしょう。あるいは、緊急事態においてはどうでしょう。「俺の言うとおりにしろ」のオートクラティックなスタイル

が適していると思われます。戦争では戦い方について皆の意見を聞いているうちに負けてしまいます。このスタイルでリーダーシップを発揮すると、短期的には高い生産性を示すことができますが、長期的にはメンバー間に反感や不信感が生まれるので次第に効果的ではなくなっていきます。

逆に、平穏で安定的な状態にある状況ではどうでしょうか？　特に、ひとりひとりの成熟度がとても高いプロフェッショナル集団や研究者集団の場合はどうでしょうか？「お好きにどうぞ」とレッセ＝フェールのスタイルのほうが効果的かも知れません（L-エッセイ参照）。ただし、それを安易に導入すると、士気が下がったり、仕事の質が低下したり、集団がバラバラになったりしがちです。

メンバーの成熟度が高くも低くもない普通の組織や、緊急事態でも特別に安定しているわけでもない通常の状態ではどうでしょうか？このような場合にはデモクラティックなスタイルが効果的だとされます。短期的には生産性が低くても、メンバーの意見が聞き入れられる集団のまとまりがよくなって長期的には高い生産性をあげることが可能です。

そのように考えると、オートクラティックなスタイルとレッセ＝フェールが対置されていて、デモクラティックなスタイルはそれらの間にあるという風にも見えます。一方で、トップダウンのオートクラティックとボトムアップのデモクラティックが対照的で、レッセ＝フェールはその先にあるものと考えることもできます（L-4, L-エッセイ参照）。

アイオワ研究の後もさまざまなリーダーシップ研究が行われ、特殊な状況でない限りデモクラティックなリーダーシップ・スタイルは効果が高く、部下の意欲、作業の質、集団の士気などによい影響があるとの結論が示されました。

クラスやミーティングやワークショップなど教育や仕事の現場ではできるだけ民主的にことを進めるのがよい――私たちが今では「あたりまえ」と思っているリーダーシップのあり方は、実証的な調査から生まれているのです。

L-4：よっつとせ
4段シフトの運転

　リーダーシップをどのように発揮するかは、「いつでもどこでもベスト」なものがあるわけではなくて、条件や環境次第だといえます。それでは、リーダーにとってもっとも決定的な条件や環境とは何でしょうか？

　答えは、フォロワーです。

　ある人が「我こそはリーダーなり」と胸を張ったとしても、振り返って誰もついてきていなければリーダーとはいえません。誰がリーダーであるかを決定するのはフォロワーなのです。そうだとすれば、リーダーシップを発揮する際にもっとも考慮に入れなければならないのはフォロワーの状況ということになります。

　同様のことは、夫婦の関係についても言えます。夫のありかたは妻がどのような人であるかによって規定され、逆もまたしかり。親子の間も同じ。親のありかたは、子がどのようであるかによって影響されます。

　リーダーシップのスタイルは、フォロワーの様子を見極めて、それに応じて「シフト」すると効果的である——そこまではわかったとして、それでは「フォロワーの状態」とはどんなものなのでしょうか。

　人材を通しての生産性を決めるのは、「デキ」と「ヤルキ」です。そうだとすればフォロワーのデキとヤルキのありように応じてリーダーシップのスタイルを微妙に変えていくことが効果的だということです（この章のエッセイでは中学の部活を例にとり、指導教員をリーダー、部員をフォロワーと見立てて、両者の関係を考えています）。

　フォロワーの様子を観察しながらリーダーシップのスタイルを適宜切り替えていくのは、自動車の運転によく似ていると思います。

　最近は車を運転しない人が増えて来ましたので、少しだけ解説をしておきます。

自動車は、エンジンの回転をトランスミッションを介してタイヤに力として伝えます。そのときに、「1速（ローギア）→2速（セカンドギア）→3速（サードギア）→4速（トップギア）」とシフトをしていきます。ちなみに、ミッションは「伝道」で、トランスミッションは力を伝える機構です（「おわりに」参照）。

　現在ではシフトを自動で行うオートマッチック・トランスミッションが主流ですが、かつては切り替えを自分の手足を使って行うマニュアル・トランスミッションが普通でした。今でもトラックやスポーツカーなどを中心に使われます。自転車にも変速ギア付きのものがあります。

　ギア・シフトとはギア比（噛み合う歯車同士の比率）を変えることで、エンジンや足の回転のタイヤへの伝えかたをその時々の状況に最も適合したものに変えていくことです。

　発進するときには、踏み込む力が直接タイヤに伝わるように1速から始めます。スピードに乗ってくると2速に入れ、次いで3速を使います。そして、高速走行で安定してきたときには効率重視で4速（またはそれ以上）にシフトします。また、ギアの段階に応じてアクセル・ペダルの踏み込み度合いを変える必要があります。

　車の運転のギア・シフトとリーダーシップのスタイル・シフトは、次のような対応関係になっています。

☐「ギア比が高い」（例：1速）とは、直接的に力を伝えること。
　（職場で「ああしなさい」「こうしなさい」と指示することです。）
☐「ギア比が低い」（例：4速）とは、直接的な力の伝え方を減らすこと。
　（仕事内容についてあれこれ指示しないようにすることです。）
☐「アクセル・ペダルを深く踏む」とは、燃料を多めに送ること。
　（職場では部下に言葉をかけて支援をすることです。）
☐「アクセル・ペダルを浅く踏む」とは、燃料を少なめに送ること。
　（フォロワーに任せて余り介入しないようにすることです。）

1速（ローギア）

　発進するときに使うギアです。太いトルク（回転力）で力を伝えます。しかしアクセルは踏み過ぎず、しっかりときっちりとタイヤにエンジンの回転を伝えることが大切です。エンジンを回しすぎてしまうと空回りするので要注意。デキが足りないがヤルキは高くて空回りしがちな新人や部門異動したばかりのひとには、具体的な指示を出すことが適切です。また、アクセルを踏みすぎないことも、空回り防止に大切です。

2速（セカンドギア）

　加速するギアです。セカンドギアに入れたらアクセル・ペダルを深く踏みこみ、短時間で加速してサードギアにシフトします。ここでは力を伝えることと速度を出すことの双方が目的です。フォロワーがある程度の経験を積み、デキのレベルが上がってきたら、それに応じて直接的な指示を控え、少しずつ任せるようにしていきます。同時に可能な限り気持ちの支援（燃料の補給）を行い、加速（動機づけ）します。

3速（サードギア）

　高速で更に加速も可能なギアです。スピードが十分に上がるとサードギアに切り替えます。トルクよりはスピード重視。フォロワーのデキが高まり、自分で判断できるようになると、具体的な指示は逆効果ともなります。むしろ信頼して任せることがよい結果を生みます。言葉をかけて勇気づけたり環境を整えたりするサポート的な活動に重心を移すことが効果的です。

4速（トップギア）

　燃費重視のギアです。デキ・ヤルキ・ムキが3拍子揃っているので、これ以上の加速は必要ありません。信頼し任せてエンパワーメントを行うことが部下の更なるデキ・ヤルキ・ムキを向上させます。同時に「手離れ」するわけですから、リーダーはほかのことに時間を使えます。

優れたリーダーは腕のよいドライバーです。そして運転技術はギア・シフトとアクセルの踏み込み度合いの組み合わせです。状況を見ながら巧みに組み合わせを変えていきます。

このようなフォロワーに対するリーダーのドライビング・テクニックは職場で応用できますし、トレーニングをしたり経験を積んだりしてスキルを高めていくことも十分可能です。

ただし喩え話ですからおのずと限界はあります。車の運転では状況は1つであるのに対して職場においては部下ひとりひとりの状況は異なるからです。相手に合わせて、このギア・チェンジと付随するアクセル・ペダルの操作を頻繁に行う必要があります。

ワンパターンのスタイルを取り続けるのは、ゴルフをプレーする際にどんな場面でも1種類のクラブで打ったり、料理をする際にどんな材料でも1本の包丁で切ったりすることに等しいのです。誰しも一番楽なのは、自分が好きで得意な、つまり「十八番(おはこ)」のスタイルをとり続けること。実際に職場ではそのように行動している人が多いのです。

上手くフォロワーを導く方法とは、フォロワーのデキとヤルキを見極めて最適なスタイルで接する(ギア・シフトとアクセル・ペダルの操作を適宜行う)ことです。技術の磨き甲斐はあるはずです。そして同時に、デキとヤルキのレベルを高めてムキをあわせていくこと——それこそがリーダーの役目なのです(L-エッセイ参照)。

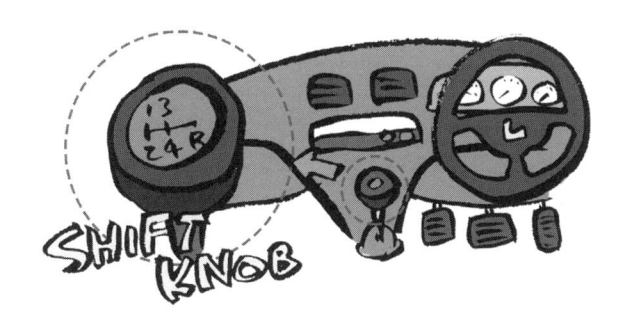

L-5：いつつとせ
5つのステージ（タックマン）

　心理学者のブルース・タックマン（Bruce Tuckman）は、グループの状態変化に着目して、それぞれにふさわしいリーダーシップのあり方についてのフレームワークを示しました。

　それらは「フォーミング・ストーミング・ノーミング・パフォーミング・アジャーニング」と名づけられています。この「5つの段階（stage）にはそれぞれ「形成」「混乱」「規範」「実行」「散会」といった和訳もありますが、言葉のノリとニュアンスが失われてしまいます。単に"-ing"で終わるだけでなく、すべての言葉が"-orming"で終わっているところがミソだからです（最後だけは"-ourning"ですが）。「オーミング」の音が連続するので連続する感じがよく伝わります。

　むしろ、fのステージ、stのステージ、nのステージ、perfのステージ、adjのステージと読んでもいいくらいです（「はじめに」参照）。でもそれでは意味不明になっていまう恐れがありますので、ここでは敢えてカタカナ（＋もとの英語）のままとします。

　タックマンは5つのステージのそれぞれについて、構造・関係・行動の特徴を記述しました。

　　構造：グループがどのようにして組み立てられているか
　　関係：メンバー同士のつながりの持ち方がどのようなものか
　　行動：メンバーが何をしてどうかかわりあっているか

　またそれぞれの段階に応じてリーダーが取るべき行動を示しました。それぞれについて私自身の解釈も交えて効果的なリーダーシップのあり方を記すと次のようになります。これらのうち最初の4つのステージは、4段シフトの運転にもある程度対応しています（L-4参照）。

第1ステージ：フォーミング（forming）

　最初はよくわからないので手探りです。試行錯誤を繰り返しながら少しずつ進むべき方向が決まっていきます。ぼんやりながら方向づけができ、徐々にフォーム（かたち）ができていく段階です。

　それぞれのメンバーは課題に対して向き合い始めます。ただ、中には「適当にやって！」とばかりに誰かに頼りきる人も出てきます。

　このステージはとても不安定です。リーダーとして効果の高い行動は、何とか最初のかたちを作っていくことです。

　そのためには、ローギアに入れてきちんと指示を出す必要があります（L-4参照）。同時にメンバー間の関係づくりを促す必要があります。PM理論で言うところの「M」機能です（L-2参照）。この段階では、役割を割り当てることが大切ですが、ひとりひとりについて何が得意であるかについて情報が少ない状況で素早く見極めなければなりません。「盛り上がり」を創ってチームに勢いをつけていくことも、この段階でのリーダーの役目です。

第2ステージ：ストーミング（storming）

　なんとか出航したと思った後で、決まってストーム（嵐）が起きます。「これをやってください」とタスクを要求しても抵抗が起きるようになります。タスクとして遂行しなければならないことに対して、メンバーの間で感情的な反応が起きることもしばしばあります。グループの内部では様々なあつれき（conflict）が生じていきます。

　このステージはリーダーの勝負のしどころです。効果の高い行動は、嵐が破壊的なものにならないように小さな段階で鎮めていくことです。調整も必要となります。嵐はちょっとしたすれ違いから起こりますから、問題が起これはすぐに話しあいを行うことが大切です。また、誰がどの役割を負い、どのように進めていくかをはっきりとさせていく必要があります。嵐のない旅はないことを覚悟しておくことが肝要です。

第3ステージ：ノーミング（norming）

　嵐が静まって秩序ができあがっていく段階です。メンバー同士の間に信頼感が生まれ、ノーム（規準）が確立していきます。

　グループの中で、何をするべきかの規準がはっきりとし、誰が何をするかについての役割分担が受け入れられていきます（S-2参照）。同時に、メンバー間の信頼が高まると、お互いの「思い」が本音で表明されます。オープンなコミュニケーションができると、グループの凝集性（一体感や団結力）が高まっていきます（「はじめに」参照）。

　このステージに入ることができればプロジェクトはまずは成功です。リーダーとして効果の高い行動は、自信を持ってメンバーの背中を押して成功を加速させていくことです。信頼を礎としてメンバーに任せる範囲を広げ自由裁量と自律性を持たせることが大切です。ドライバーの喩えでいえば、3速あたりとなります（L-4参照））。

第4ステージ：パフォーミング（performing）

　建設的行為が起き、パフォーマンス（業績）があがる段階です。今までのように決まった役割を果たすのではなく、互いに補うなど分担が柔軟になり、スムーズにものごとが回転するようになります。そうなると、目標の達成まであと1歩です。グループは「一丸」となりゴールに対してエネルギーがひとつにまとまって発揮され、成功のイメージを共有できます。

　一番楽しいこの段階においてリーダーとして効果の高い行動は、ひとつひとつの成功事例を認め、タイミングよく褒め、モチベーションを高めていくことですが、あまり肩に力を込めすぎないほうが良いでしょう。ドライバーの喩えでいえば、4速（トップギア）です（L-4参照））。

　また更に高いゴールにチャレンジできるように、手の届くぎりぎりの目標を上手く与えていくことも大切です（M-1参照））。コミュニケーションが上手くいくように配慮する（L-7参照））と同時に、現状に甘んじず思い切った自己変革を行う（L-8参照））ことも大切です。

第5ステージ：アジャーニング（adjourning）

　アジャーンは「おじゃん」の語源。つまり「終わり」や「別れ」です。どんなグループもいつかは終わりを迎えます。成功したからこそ（負け惜しみでない意味での）「発展的解消」をすることもあるのです。アジャーン（解散）を迎える段階は必ず来ます。

　悲しみが起こり次からの仕事に対する不安も芽生えるこの段階では、また異なるリーダーシップのスタイルが必要となります。ノーミングやパフォーミングがうまくいっているほど悲しみも不安も大きくなります。

　リーダーは自分たちが成功できた理由は何だったかについて整理し、感謝の気持ちとともに伝えなければなりません。そうすれば、それぞれのメンバーが「このグループにいて良かった」という満足感を持つと共に「自分は成長できた」と実感し、「ありがとう」と感謝し、次に向かって「もういちどがんばろう」と宣言できるようになります。それができてはじめてプロジェクトは本当の意味で「カタがつく」のです（「おわりに」参照）。

　どのようなプロジェクトもそれぞれ1回限りで全く同じということはありません。そうはいってもやはりものごとに「パターン」はあります。私も過去に数十回のプロジェクトを経験し、タックマンが示した5つのステージはそのとおりの順番で起きることを肌に感じています。

　ものごとの流れを事前に知っておくことは、各段階において冷静なリーダーシップを発揮していくために、とても有益だと私には思えます。このモデルは発表された当初は1から4までのステージで、後になって5つめのアジャーニングが加えられました。このモデルを初めて知った頃には、5つめは「おまけ」のような印象を持っていましたが、今の私には「整理・片づけ」に関連するとても大切な段階だと思えます。

L-6：むっつとせ
６回のターン（チャラン＝ノエル＝ドロッター）

　求められるリーダーシップが全く変質することを個人として実感するのは昇進して組織の階層を上がり見える景色が大きく変わるときです。会社の立場から表現すれば、それぞれの階層にふさわしいリーダーを定常的に輩出し続ける仕組をつくることが必要です。

　このような観点からGEが構築したのが、「リーダーシップ・パイプライン・モデル（leadership pipeline model）」です。

　このモデルは1990年代にラム・チャラン（Ram Charan）、ジェームズ・ノエル（James Noel）、ステファン・ドロッター（Stephen Drotter）によって開発され、GEのベスト・プラクティスとして広まり、グローバル企業によって数多く採用されました。私もちょうどこのモデルを使ったリーダーシップ・ディベロップメント・プログラムの責任者としてシティバンクでの直接的な業務を経験しました。

　「パイプライン」は、石油や天然ガスを送るための太いパイプです。この言葉を製薬業界では開発の初期段階から販売開始までの間の「次の製品群」の意味で使います。競争の激しい製薬業界では、今ある新薬で稼ぎつつ、その特許期間が切れて安価な後発薬が市場に出回るまでに、次の新薬候補を開発しなければなりません。「次」が控えていることで会社は継続的に成長できますし、それがなければ会社の将来には暗雲が立ち込めます。

　パイプラインは製薬会社にとっては生命線です。同様に、リーダーシップ・パイプラインは、会社が成長を維持できるかどうかについての、人的な側面から見た生命線です。つまりこのモデルは企業が「次の時代の経営を担える人材がいない！」という危機的状況を起こさないための現実的な解を示したモデルといえます。

リーダーシップ・パイプライン・モデルの基本的な考え方は、決して複雑なものではありません。求められるリーダーシップは、役職ごとに質的に全く異なるものであるという点に尽きます。

このモデルでは、組織には7つの階層があると想定されています。頂点に上り詰めるためには、6つの「転換点」を無事回らなければなりません。もとの英語では「ターン（turn）」または「パッセージ（passage）」といいます。

ターンといっても、緩いカーブではありません。スキーに喩えれば大回転（ジャイアント・スラローム）のようにスピードを落とさず急カーブを曲がることです。それぞれの曲がり角で組織上の職位が上がるのですが、そのたびに全く質の異なるマネジメント・スキルを身につけることが要求され、異なるリーダーシップが必要とされます。

ひとつ上のレベルのポジションに就くと、管理職はそれまでに馴染んだスタイルを捨てて、新たなマネジメント・スキルを獲得し、時間配分を変え、新たな価値観を身につけなければなりません。

リーダーがうまく回らなければならない「6つのターン」とは、次のようなものです（なお、括弧の中は参考までに私が名づけたものです）。

第1のターン：「部下持ち」へ（部下のマネジメントへ）

　最初のターンは、部下を持つようになることです。担当者としての業務に「人材のマネジメント」が加わると、世界は一変します。目標を決め、スケジュールの計画を立て、タスクに落とし、部下に割り振らなければなりません。そればかりか部下のモチベーションを高めたり、コーチングを行ったり、業績評価をしたりすることが必要です。「鵜」の役から「鵜飼」の役へ──その違いは歴然です。

　この最初のターンでいきなり転倒する人は、実は少なくありません。担当者として成功した人ほど、むしろそのときの仕事のしかたを成功の法則と信じ、パターンを変えない傾向が強いからです。行動や価値観を変えずにポジションだけ昇格してしまうと、部下のマネジメントができず、仕事が進まずフラストレーションだけが高まってしまいます。

　ここで転倒しないためには、その上司が本人の意識改革を手伝って、「部下を持つ」ことの意味を腑に落ちて理解させる必要があります。

第2のターン：「部下もちの上司」へ（間接的マネジメントへ）

　2番目のターンは、「部下の部下」を持つ、つまり「間接的なマネジメント」を行うようになることです。最初のターンに挑戦する人々を選んだり、部下をマネージする業務を割り振ったり、マネージャーとしての業績を評価したりする必要があります。部下もちの上司の立場になると、いよいよ広い視点でものごとを捉え「戦略的に考える」ことが要請されるようになります。なぜならば「資源の最適配分」を行うことになるからです（S-1参照）。

　第1のターンは鵜から鵜飼の転換ですから傍目にも明らかなのですが、第2のターンは見過ごされてしまうこともあります。しかしここを上手く「大回転」し、間接的マネジメントができるようにならなければ、トップマネジメントの候補となることは難しいのです。なぜならば、トップ仕事は、何段階も間接的に部下をマネージし、リーダーシップを発揮することだからです。

第3のターン:「部のトップ」へ（戦略的マネジメントへ）

　3番目のターンを無事に終えると部全体の責任を負うことになります。この転換点を無事回りきることは傍から見るより難しいものがあります。「戦略的マネジメント」が本格的に求められるからです。

　部の責任者が一般のスタッフと意思疎通を行うためには、複数のマネジメントのレイヤー（階層）を経由する必要が出てきます。他の部門責任者とのチームプレーをこなす場面も多くなります。ですから、洗練されたコミュニケーション・スキルが要求されます。

　さらに重要なことは、経営資源を配分するだけでなく、交渉して獲得することも必要となることです。

　部の目標を決めるのは部のトップです。部の戦略を策定して実行するのも部の代表者です。直接的な責任を負いつつ、間接的な部下のマネジメントを行わなければなりません。この段階では、広い視野とリーダーとしての意識的な行動が決定的に大切になります。

第4のターン:「事業部のトップ」へ（ビジネスのマネジメントへ）

　4回のターンを終えると、事業全体の責任を負うことになります。この段階における決定的な違いは、利益責任を負うようになることです。それが「ビジネスのマネジメント」です。

　計画を立て提案をする際には、損益見通しを述べなくてはなりません。ここで行うターンは、管理職としてキャリアアップしていく人が最も難しいと感じるものだともいわれています。一方で企業の側から見ても、ここでうまくターンを行って結果責任を負えるリーダーを創って行けるかどうかは、人材開発の域を超えて経営上の重要課題です。

　この段階で最も難しいのは、将来へ向けての長期的な目標（大切なこと）と現在行わなければならない短期的な必要性（すぐにしなければならないこと）のバランスをとることです。第4のターンで転倒しないためにはよほど熟考し内省することが必要で、そのための時間の確保が重要です。

第5のターン：「事業統括役員」へ（事業ポートフォリオのマネジメントへ）

　5番目のターンを回りきると、事業をより高いレベルで統括し責任を持つようになります。そのためには、個別事業を超えて全体最適をもたらすための資源の配分と活用のスキルが必要になります。事業部長を育成するスキルも必要になります。

　事業を統括する役員のレベルになると、全く新たな視点が加わります。例えば、プロダクト・ポートフォリオ・マトリックス（PPM：S-4参照）はその代表的なものです。

　複数の事業を統括しているわけですから、よほど広い見地からダイナミックに物事を捉えることが要求されます。役職に伴う権限は1桁も2桁も大きくなりますから、スケールの大きな意思決定に慣れていく必要があります。そして、気をつけなければならないのは、その分抱えているリスクも大きくなるということです。リスクとリターンの双方に目配りしながら、成長に向けての事業ポートフォリオを組むのが責務ですから、求められるリーダーシップの抽象度は高くなります。

第6のターン：「社長」へ（全ステークホルダーのマネジメントへ）

　第6の角を曲がると、ついにトップマネジメントです。この転換点を無事回りきるためには、具体的なスキルよりも根本的にどのような価値観やミッションに基づいているかが決定的となります。

　社長は、顧客・株主・仕入れ先・従業員・取引銀行・提携先・地域などすべてのステークホルダーから注視されています。ステークホルダー間の利害の調整も行わなければなりません。

　この段階で求められる能力は極めて抽象度の高いものです。先を見通す洞察力を持ち、長期的なビジョンを示さなければなりません。トップの立場からしか見えないビジョンを、ミッションの形で示し、パッションを持って伝え、アクションを取っていかなければならないのです。

組織における6回のターンを行い質の異なるレベルに昇るためには、何度も「脱皮」をしなければなりません。もともと好きで得意だったスタイルを変えることは、決して「楽」でも「楽しく」もありません。しかし一度上手く大回転して新しいスタイルを身につける経験をすると、次のターンに備えることができるようになります。

　将来のリーダー候補がうまくターンをし終えるためには、会社側も相応の努力をしなければなりません。

　まず昇進するとどれだけ質的に異なることが求められるかをきちんと説明しなければなりません。また、現状ではどのようなレベルにあるか、ターンをし終えた後の要求レベルはどの程度かを示し、ギャップを認識してもらう必要があります。その上で、研修や実務経験によってギャップを埋めるための意識的な人材開発も必要です。何よりも、ターンできる人材を周到に選抜しなければなりません。

　現実には、多くの企業でそれぞれのターンを十分に意識してリーダーシップ開発が行われているとは思えません。多くの組織ではあちこちに「もと名選手」がそのままスタイルを変えることなく監督になってしまっているようです。多くのひとたちは「名選手必ずしも名監督ならず」という言葉は頭では知っているのですが、いざ自分のこととなると胎の底では納得していません。

　個人の意識を変えると同時に会社側も意識を変革して行くことは、「言うは易し、行うは難し」の典型です。しかし難しいからこそ、意識転換ができれば競合に対して決定的な差をつけることができるのです。

　昇進すると皆から「おめでとう！」と祝ってもらえると思います。でも本当は昇進は新たな挑戦の始まり。浮かれているわけにはいきません。お祝いは大きなターンを無事し終わってからでも良いのかも知れません。

L-7：ななつとせ
7つの音符〜パワー・フレーズ（original）

リーダーシップ論のロブ・ゴフィー（Rob Goffee）とガレス・ジョーンズ（Gareth Jones）は、次のように言いました。

「己自身であれ。但し、スキルを持って（Be yourself, with skills.）」

スキルは後天的に獲得可能なものです。学習できるものです。スキルを身につけ磨き上げれば、ひとは自在さを手に入れることができます。自在さを身につければ、リーダーは自信を持つことができ、落ち着きを手に入れ結局「自分自身である」ことができます。改めて漢字を見ると、「自在」とは「自ら在る」つまり"I am"と書いてあります。

それにしても実際には「スキル」とはどのようなものなのでしょうか。コミュニケーションに関して言えば、私は具体的には「場面に応じてリーダーにふさわしいフレーズを操れる」ことだと思います。

この項では、2つの一見異なる話が最後に交差していきます。ただし、単なる私の持論に過ぎないものですので、気楽な「お楽しみの項」と理解してください。

最初は、「サウンド・オブ・ミュージック（Sound of Music）」の話です。

このミュージカル映画を見たことがあるという方は多いと思います。歌をこよなく愛する修道女見習いのマリアを演ずるのはジュリー・アンドリュース（Julie Andrews）。

時は第二次世界大戦前、場所はオーストリアのザルツブルクです。元気はつらつのマリアは、トラップ大佐の7人の子供たちの家庭教師として雇われ、屋敷におもむきます。大佐の子供たちの育て方は、うむを言わせぬ軍隊式。子供たちは軍服を着せられ父親には「ピッピッピッ」とホイッスルで呼ばれます。

しかし、マリアは子供たちにカーテンで遊び着を作ってやり、山に遠足に連れていき、気持ちをほぐしていきます。そしてマリアは、音楽でマネジメントとディベロップメントをするのです。山の上で最初に教えたのが、たぶん世界で一番有名な音符のかぞえ歌――「ドレミの歌（Song of Do Re Mi）」です。

私にとってこの作品は、音楽の映画であると同時に対比的なリーダーシップ・スタイルの映画です。軍隊式のトラップ大佐はオートクラティックなリーダーシップのスタイルの典型といえます。それに対して歌によって全く新しい世界を提示するマリアはデモクラティックなリーダーシップのスタイルの象徴です。

そんな「閑話休題」の与太話をビジネススクールのクラスでした時に、「一応ご参考までに」ということで、「音符」と「ABC」と「いろは」との関係について触れました。その際に、音楽関係者なら当然のこととして知っている3者の関係について「説明を受けるのが初めてだ」という人が多いことがわかってびっくりしました。

音符	ラ La	シ Ti	ド Do	レ Re	ミ Mi	ファ Fa	ソ So
英語	A	B	C	D	E	F	G
日本語	い	ろ	は	に	ほ	へ	と

まず、基本の音は「ラ」です。この音から始まる♪ラシドレミファソが短調の音階です。これに対して英語では、♪ABCDEFG、日本語では♪いろはにほへとが対応します。「ABC」は普通の人にはアルファベットですが、音楽関係者にとっては「♪ラシド」なのです。

ちなみに「ドはドーナツ、レはレモン」と日本では歌っているという話をすると留学生には大うけです。マリアは「ドは doe で雌の鹿、レは ray で光の雫、ミは me で私のこと、ファは far で遠いこと、ソは sew で縫うこと、ラはソの次の音、シは tea でお茶のこと」と歌っているからです。

次に、「パワー・フレーズ（power phrases）」の話です。

私はマネジメントに使える英語の文例集を2冊、訳本として出版したことがあります。マグロウヒル社の「パーフェクト例文（Perfect Phrases）シリーズ」うちの2冊で、実用的な「パワー・フレーズ」を集めた本です。さすがアメリカ、物の言い方にもある種のマニュアルがあるのだと感心しました。

そのうちの1冊では、目的別・状況別にもっとも効果的なフレーズを挙げています。業績評価（appraisal）、上司のマネジメント（boss management）、コーチング（coaching）、エンパワーメント（empowerment）、会議の運営（facilitation）、目標設定（goal setting）。

いずれもリーダーシップを発揮しなければならない典型的な場面です。そして、それぞれの状況においてふさわしいフレーズが並んでいます。

ある日ふと気がついたのは「これらの頭文字がABCDEFGになっている！」ということでした。とすると、もしかすると形を変えた「ドレミの歌」（正確には「ラシドの歌」）になっている？　つまりリーダーシップを発揮すべき場面に応じた効果的なフレーズは「サウンド・オブ・リーダーシップ」として並べることができるというわけです。

リーダーシップのかぞえ歌

　この本のコンセプトが「かぞえ歌」であることを考えれば、まさにリーダーシップ・スキルの枠組みにぴったりです。そんなわけで、この「7つの音符」を、私のオリジナルのフレームワークとして「かぞえ歌」に加えることにしました。

　ABCDEFGの場面ごとのフレーズのうち、私のお気に入りを「パーフェクト例文シリーズ」から引用してみます。（元の本は英語との対訳でしたが、ここでは日本語としての流れを重視して変更しています。また、いくつか独自のフレーズを追加してみました。）

♪ラ：Aはアプレイザル（業績評価）のA：
　「私の目標は、あなたの成功を助けることです」
　「この面談では、私たちはパートナーのつもりです」
　「あなた自身、業績が抜群だと思っていることはなんですか？」
　「やり方を変えればもっとできたのに思っていることはなんですか？」
　「あなたの業績を更に上げるには、私には何をして欲しいですか？」

♪シ：Bはボス・マネジメント（自らの上司の管理）のB：
　「ご報告は、どんな風にすればよろしいですか？」
　「何をすると、もっと納得していただけますか？」
　「いまこの会話は、お望みの方向に進んでいますか？」
　「どのようにしてその結論に達したか、教えていただけますか？」
　「指示に従いたいのですが今の仕事をいったん置いてもよいですか？」

♪ド：CはコーチングのC：
　「なるほど、そう思っているのですね」
　「いま何が起きていると理解していますか？」
　「そうですね。ほかにはどんなことがありますか？」
　「素晴らしい成果だと思いますよ。なぜかというと・・・」
　「いま直面している問題の原因は何だと思いますか？」

♪レ：Ｄはデレゲーション（権限委譲）のＤ：

「あなたを頼りにしてよいですね」

「仕上がりのイメージは、こんな感じです」

「任せたいのですが、不安はないですか？」

「信頼できると思えばこそ、お願いしています！」

「最初のステップとしては、どこから始めますか？」

♪ミ：Ｅはエンパワーメントの E：

「あなたは成功すると信じています」

「これの点については、私に相談せずに決めてよいです」

「任せたいのですが、私には何をして欲しいですか？」

「２つ３つ、解決案を聞かせてもらえますか？　一緒に決めましょう」

「ベストと思う方法でやってみてもらえますか？責任は私が取ります」

♪ファ：ＦはファシリテーションのＦ：

「まさに重要な点です！」

「今日の会議の本題に戻りましょうか」

「私たちの意見の共通点はどこでしょうか？」

「私が何か見逃していることはありますか？」

「これをやり遂げるためにベストの方法を考えませんか？」

♪ソ：Ｇはゴールセッティング（目標設定）のＧ：

「会社としてはどのあたりまでを期待していると思いますか？」

「自分としてはどのあたりまで達成したいと思っていますか？」

「自分の得意分野のなかで、もっと伸ばしたいことはありますか？」

「あなた自身の基準では、この仕事の主要な目的はなんでしょう？」

「目標として書いてあること以上にやってみたいことはありますか？」

このようにして並べてみると、例文の8割が疑問文の形となっていることに気づかれた方もいることと思います。

　問うことは「デモクラティック」なリーダーシップ・スタイルの典型です（L-2参照）。また、問うことで相手の気づきとコミットメントを引き出すことができます（M-8参照）。

　この例文集においてAからGはリーダーシップを発揮する具体的な場面です。それと「問いの立て方」であるストラテジーの6つの問い（事実確認・理由・意見・推測・前提・問いそのもの）を組み合わせるとかなり自在に例文を創造することができるはずです（S-6参照）。

　リーダーシップが大切であることやその理論についてどれだけ知識があっても実際に発揮できなければ意味がありません。リーダーシップを実践する具体的な方法は効果的なコミュニケーションを行うことです。そして、つまるところコミュニケーションはフレーズです。フレーズは自分で作るのではなく「まねぶ（真似る）」もの。まねてつくったフレーズであっても使いこんで身につき板についていけばその人自身になります。それが私なりの「己自身であれ。但し、スキルを持って」の解釈です。

　ただどんなに有効なフレーズであっても、ほんのちょっとした声色（こわいろ）の違いで異なるメッセージとなってしまいますから、注意が必要です。赤ちゃんは母親の言葉を理解できなくても、その意図を理解できます。つまり、人間は「声の調子」を聞いているのです。

　7つの音符として並べた例文は、あくまでも参考のためのものです。AからGのそれぞれの場面で、ぜひ自分ならではのパワー・フレーズ集をつくり、具体的な道具として使いこなして「自在な自分」を獲得してほしいと願ってます。

L-8：やっつとせ
8つのステップ～組織変革（コッター）

　この項ではハーバード・ビジネススクールのジョン・コッター（John Kotter）の組織変革のための「8つのステップ（the 8-step process for leading change）」を紹介します。

　コッターは「変革のリーダーシップ」について最も影響力がある学者でビジネススクールがマネジメントを学ぶ場からリーダーシップを学ぶ場へと変革していくうえで、主導的役割を担ってきました。

　従来の研究が、心理学を理論的基礎として「リーダーの資質」や「リーダーシップのスタイル」を論じてきたのに対して、コッターはリーダーの仕事は「トランスフォーメーション（transformation）」を起こすことに尽きるとしています。この言葉の一般的な訳は、変化・変容・変貌・変革です。改革というよりも、「姿（form）を変える」というのがより正確なイメージです。

　例えば、IBMは、もともとは「国際的な（I）ビジネス（B）マシーン（M）」の会社でした。次に大型コンピューターの企業となりました。定評のあるパソコンも作りました。今ではコンサルティング会社です。トランスフォーメーションがなければ今頃どうなっていたでしょうか？ ビジョンなしにそのような変容を起こすことができたでしょうか？ 変貌し続ける能力を組織に与えるのがリーダーシップです。

　コッターはベストセラーとなった『企業変革力（Leading Change）』のなかで、企業の変革を推進する上で、どのような行動が成功に導き、どのような行動が失敗に終わりやすいかを記しています。

　企業は自らを変革しなければ生き残れません。しかし、組織には「慣性の法則」が働きます。多くの社員にとって、慣れたものを続けるコストは低く、親しんだものには愛着があります。また、せっかく成功したものを手放したくありません。ましてその成功に自分が関わってい

る場合にはなおさらです。それまで蓄積してきた知識やネットワークが水泡に帰すリスクもあります。入れ替えを行うためにはスイッチング・コストもかかります。それでも企業変革をしなければならないから、リーダーシップが必要なのです。

　コッターは、変革を進めるうえで犯しがちな代表的な過ちとして、下記の8つをあげています。

1. 十分な危機感を盛り上げないうちに変革に突入してしまう
2. 変革推進のための連帯を築くことを怠ってしまう
3. ビジョンの重要性を過小評価してしまう
4. 従業員にビジョンを周知徹底せずに進めてしまう
5. 新しいビジョンに立ちはだかる障害の発生を許してしまう
6. 短期的な成果をあげることを怠ってしまう
7. 早急に勝利を宣言してしまう
8. 変革を企業文化に定着させることを怠ってしまう

　これらの過ちを回避することは全く不可能というわけではありません。問題点や難しさを十分理解した上で高いスキルを持って取り組めば、避けたり少なくとも減らしたりすることはできます。

　コッターは、変革推進に必要とされるリーダーシップは、単なるすぐれたマネジメント（経営管理）以上のものであることを理解することが解決の鍵を握っていると述べています。

　この文脈におけるリーダーシップとは、「人と組織を動かすノウハウ」のことです。コッターは100社以上の実例研究を行い、「8つの過ち」に対応しながら変革を効果的に推進していくための方策として8段階のステップを提示しています。

第1ステップ　危機意識を高める

そのためには、まずは現状認識からスタートします。市場分析を行い、競合状態を把握し、状況・問題点・好機などについて正確な認識をします。「全く問題がない」という組織は稀なはずです。

第2ステップ　強力な変革推進チームをつくる

トランスフォーメーションを行うためには変革プログラムを推進するグループを結成し、メンバーが社内に対して影響力・経験・信頼を持つようにしなければなりません。

第3ステップ　ビジョンを創る

望ましい姿をビジョンとして創りあげ、共有します。ビジョン実現のための戦略を立案することは大切ですが、さえぎるものを取り除くことは現実的にはとても重要です。

第4ステップ　ビジョンを周知徹底する

社内外におけるコミュニケーション戦略を練ります。なぜ変革が必要なのかその理由を示し、納得を得なければなりません。推進チームは皆のモデルとなって新しい行動様式を伝えます。

第5ステップ　アクションをとる際にエンパワーメントを行う

エンパワーメントは単に権限を委譲することではありません。「ちから」も与える必要があります。組織の制度を変更し、トレーニングやサポートの体制についても整備します。

第6ステップ　短期的な成果を計画し創りだす

まずはバットを短く持って短期の成功を続けます。成功経験があれば関わった個人の自己効力感が高まるだけでなく、組織としての自己効力感も高まります（M-4）。

第7ステップ　改善を統合しさらなる変化を起こす

改革を、組織文化や共有価値のなかに埋めこんでいきます。変革推進チームは更に組織の奥深くに入ります。コミュニケーションやトレーニング等は引き続き行います。

第8ステップ　新しいアプローチを根づかせる

　新しい文化を引き受けるチームを結成し、新チームに対するトレーニングを行います。始まった改革のモメンタムを維持していくためのあらゆる努力を行います。

　最初の第1〜第4ステップまではいわば「事前準備」です。料理でも「下ごしらえ」が8割。企業の変革においても、「なぜ今」「何のために」「どのように」変革を行うのかよく説明して地ならしをしておくことが肝要です。

　組織には慣性がありますが、そのこと自体は悪いことではありません。むしろそれがあるから組織としての一貫性や統一性が保てます。だからこそ、その固まりをほぐさなければ「姿を変える」ことはできないのです（L-インタビュー参照）。

　最後の第7〜第8ステップは、ゴルフやテニスで球を打った後に行う「フォロースルー」にも似ています。それがなければ「やりぬく」ことにはならないのです。

　下ごしらえが不十分ななかで変革を進めようとしても、満足のいく結果にはつながりません。フォロースルーがないものは単発の打ち上げ花火に終わります。変革の責任者となったひとは、最初から「変える」ことを志向しがちです。その結果、いきなり5段階目あたりから着手し6の段階で早々に改革終了を宣言してしまう「せわしない改革」をしてしまいがちです。

　固いものを無理に曲げれば、ポキッと折れてしまうのは当然です。後の手当がなければ根づかないのも自然です。慎重に準備し、一歩ずつ確かなステップを踏み、丁寧なフォロースルーを行うことが「トランスフォーメーション」に必要なリーダーの役割なのです。

L-9：ここのつとせ
9つのC（アイアコッカ）と究極の問い

アイアコッカの9発の文句

　フォードの社長でありクライスラーを一度は再建したリー・アイアコッカ（Lee Iacocca）は、著書のなかで「リーダーシップの9つのC」について述べています。「10」にすると「十戒」のようになり「お前はモーゼか」といわれかねないので9つにしたのだそうです。

　今読むとかなり変わった本で、出版当時アメリカの大統領であったジョージ・ブッシュ（George Bush）に対する批判書ともいえます。

　9つのCとは、以下のようなものです。優れた訳書（鈴木主税訳『なぜ真のリーダーがいないのか―伝説の経営者が語るトップの条件』）がありますが、この本に適した微妙なニュアンスを表現したいので、私訳を試みてみました。

1. A leader has to show CURIOSITY. :

　リーダーはキュリオシティー（好奇心）を示さなければならない。「イエス」とばかりいう取り巻きだけでなく、外部の人たちの声にも耳を傾け、貪るように読むこと。世界は広く、複雑な場所だからだ。（略）居心地のよい場所（comfort zone）から踏みだして異なるアイディアに耳を傾けなければ、輝きは続かない。（以下略）

2. A leader has to be CREATIVE.

　リーダーはクリエイティブ（創造的）でなければならない。思いきっていつもと違うことにトライしてみなければならない。つまり "Think outside the box" だ（S-9参照）。つまるところ（all about）、リーダーシップとは変化をマネージすることだ。会社でも、国家でも同じこと。ものごとはいつも変化する。だから創造的でなければならない。適応せよ。（以下略）

3．A leader has to COMMUNICATE.

　リーダーはコミュニケートし（思いを伝え）なければならない。それは、現実を直視し、本当のことを言うことだ。（略）コミュニケーションは、真実を伝えることから始まる。たとえ事実を言うと痛みが伴う時であっても。（以下略）

4．A leader has to be a person of CHARACTER.

　リーダーはキャラクター（人間性）が溢れるひとでなければならない。正邪の違いを理解し、正しいことを行うガッツを持たなければならないということだ。アブラハム・リンカーンは言った――「ある人材のキャラクターを知るにはパワーを与えてみることだ」と。（以下略）

5．A leader must have COURAGE.

　リーダーはカレッジ（勇気）を持たなければならない。（略）ふんぞり返るのは勇気ではない。脅し文句（tough talk）は勇気とは違う。（略）「俺の銃はお前の銃よりデカイぜ」なんて。21世紀の勇気とは、思わせぶりな言葉や虚勢を意味するのではない。勇気とは、交渉のテーブルにつくコミットメント、そして話し合うことだ。（以下略）

6．To be a leader you've got to have CONVICTION.

　リーダーになるにはコンビクション（信念）を持たねばならない――胎（はら）のなかで燃える炎（a fire in your belly）だ。パッションがなければならない。なにかを成し遂げたいと胎の底から欲しなければ。

7．A leader should have CHARISMA.

　リーダーはカリスマ性（気迫に満ちた神秘性）を持つべきである。派手さのことを言っているのではない。カリスマ性とは、あなたに「ついていきたい」と思わせる人間としての質だ。人をインスパイア（鼓舞）する能力だ。リーダーに従うのは、その人を信頼しているからである。それが私のカリスマ性の定義だ。（以下略）

8．A leader has to be COMPETENT.

　リーダーは、コンピテント（業務達成能力十分）でなければならない。説明無用に思えるかもしれないが。リーダーは自分がしていることをわかっていなければならない。それよりもっと重要なのは自分の周りにも自分たちがしていることをわかっているひとを集めなければならないということだ。（以下略）

9．You can't be a leader if you don't have COMMON SENSE.

　コモンセンス（常識）がなければ、リーダーにはなれない。私はこれを「チャーリー・ビーチャムの法則」と呼んでいる。自動車ビジネスを始めたばかりの若かりし頃、最初の仕事はフォードのペンシルベニア州のある地区のマネジャーだった。ボスはアメリカ東海岸責任者のチャーリー・ビーチャム。（略）チャーリーはいつも言っていた。「リー、覚えとけ。人間としてやっていくのに大切なことは、推論する能力とコモンセンスだけだ。馬の糞とバニラアイスクリームの見分けがつかないようでは、成功は覚束ない」と。

　アイアコッカは、最大の「C」としてクライシス（危機）があると指摘しています。生まれつきのリーダーはおらず、クライシスに直面したときにリーダーシップは鍛えられるという立場の代表的なものです（L-2参照）。
　この本は世界のベストセラーとなりました。リーダーシップの観点からも読まれたのでしょうが、アメリカの政治という文脈やブッシュ大統領（当時）に対する批判の書としても読まれました。
　引用した言葉のうち、それぞれ「（略）」や「（以下略）」の部分には「それにひきかえブッシュにはそのCがない」という辛口の文章が入ります。つまり、9つのCは「9発の文句」でもあるのです。よほど腹に据えかねていたのでしょう。

さて、ジョージ・ブッシュと比較するというわけではありませんが、今でもアメリカで「リーダーシップがあった」と言われているリーダーは誰でしょうか。そのひとりは、「強いアメリカ」を標榜した国をリードしたロナルド・レーガン（Ronald Reagan）だと言われます。レーガンのもとの職業を覚えていますか？　ハリウッドの映画俳優です。

L-7で紹介したリーダーシップ論のゴフィーとジョーンズは、興味深い疑問を投げかけています。

「レーガンは、リーダーシップのある大統領だったのでしょうか、
リーダーシップのある大統領を演じた俳優だったのでしょうか？」

その答えは「多分どちらも正しい」です。大統領であることと大統領を演じることの間に違いはないのです。

リーダーも同じです。リーダーシップはある意味でその人自身に内在するものですが、スキルを獲得すればよりうまく演じることのできるものでもあります。うまく演じきったリーダーシップは、それ自身ホンモノ（authentic）です。その意味でもリーダーシップは学ぶことができ、また学ばなければならないのです（L-2参照）。

どちらも本物。大切なのは、どう見せるか、だ。

究極の問い

　リーダーシップを振り返るにあたって、リーダーシップに関する「究極の問い」をしてみたいと思います（「究」が9です（「はじめに」参照）。ちなみにこの漢字の中にも「九」が入っています）。

　「リーダーシップをどのように発揮するか」は、実践的な問いですが、「リーダーシップとは何か」は哲学的といってよい問いです。最後の問いは、とても哲学的――むしろ禅問答的――なものです。

　リーダーにとって必要なことは、パッションに裏打ちされたビジョンとミッション（「さいごに」参照）です。しかしそれらだけではまだ足りません。アクションが必要です。リーダーにとって大切なアクションは何かと考えて、動詞を並べてみました。

　リーダーは、ことを「起こす」。

　リーダーは、まわりを「巻きこむ」。

　リーダーは、じぶんを「改める」。

　リーダーは、こころを「配る」。

　リーダーは、みんなを「包む」。

　「起」「巻」「改」「配」「包」のリーダーのアクションの漢字には、すべて「己」が含まれています。このことが象徴するように、リーダーには「己」が確立していることが求められます。自分が自分であることがリーダーシップの基本です。

　リーダーシップは先天的に持っていたものであっても後天的に獲得したものでも構いません（L-2参照）。みなが「ついていきたい」と思うリーダーは、どんな形であれ「己」が確立していることが必要です。

　一方で、京セラや第二電電（現KDDI）を創業しJALを再生させた稲盛和夫は、「動機善なりや、私心なかりしか」といつも自らに問いかけてきたと言っています。「私のわがまま」にはだれもついていきません。リーダーは、「無私」でなければなりません。

　まとめると、次のような一見矛盾する文章が並びます。

（1）本物のリーダーは、「己がある」ことが大切である。
（2）本物のリーダーは、「私がない」ことが大切である。

「ある」のがよいのか「ない」がよいのか、どちらでしょうか？

「ある」と「ない」はどのようにして両立しえるのでしょうか？

「同じ『自（auto）』でも『己（self）』と『私（ego）』は違うからだ」というのがひとつの答えかも知れません。

「つまるところリーダーとは『器』だからだ」というのが、私が考えるもうひとつの答です。

優れたリーダーのことを「器が大きい」と表現します。「大きな器」は、それ自体（己）はたしかに「ある」のですが、それはあくまでも他者を受け入れるためです。稲盛和夫は「利他の心」といっています。

器の中に受け入れるものは、従業員であり、顧客であり、取引先であり、地域であり、投資家です。そうであれば確かに「私」が入る余地はなくなります。受け入れるためには器は大きくなければなりません。それが「包む」ということです。

「ある」と「ない」はこうして大きな器を通して同時に存在でき、それゆえにあらゆるものが包み込まれてきます。

「懐の深さ」もほぼ同義と考えてよい——私はそう思います。

色んな花が咲くように
リーダーシップも色々でいい。

L-エッセイ

中学校ブラスバンドとオルフェウス室内管弦楽団

1. オーケストラと企業

　この本は「人材・組織」の主要テーマについてかぞえ歌の3部構成というある種の音楽で表したものということもできます。

　音楽といえば、オーケストラ。オーケストラとビジネスの組織には、似ている点がたくさんあります。オーケストラの演奏も企業組織の業績も英語で言えばパフォーマンス（performance）です。また、オーケストラにおける楽器のパートは、企業組織における部署にあたります。

　このエッセイでは、指揮者の仕事を考えることを通して、リーダーシップを考察してみたいと思います。

　企業組織のなかでもコンサルティング会社や会計監査法人などのプロフェッショナル・ファームとは、さらに多くの類似点があります。名の通ったオーケストラのメンバーは全員がプロ中のプロであり、ソロでも活躍できます。同様に、プロフェッショナル・ファームで働く人たちも高度な技量を要求され個人として自立しています。

　プロフェッショナル組織は、高いレベルのトレーニングを長期間積んで能力を開花させた人材のみによって構成されます。オーケストラはむしろプロフェッショナル組織の代表であると考えることもできます。

　オーケストラのメンバーは、全員が「その道の第一人者」です。音楽についてはひとこともふたこともあります。そのようなプライドの高い演奏者たちに対して、どうやって「指揮」をすることが可能なのでしょうか？　高名な熟練の指揮者ならともかく、駆け出しの指揮者はいったいどうするのでしょうか？　百戦錬磨のプロ中のプロたちは指揮者の言うことをきいてくれるのでしょうか？

　その前に指揮者は一体何をしているのか考える必要がありそうです。『戦略サファリ』で紹介したヘンリー・ミンツバーグ（S-エッセイ参照）

には指揮者のリーダーシップについての著作もあり、次のように書いています。

「指揮者が指揮台に上がり指揮棒を振り上げると、演奏者たちはいっせいに音を出す。そして次の一振りで、いっせいに演奏をやめる。それは、風刺漫画にでてくるマネジメントそのままの、絶対的なコントロールのイメージである。だがそれはすべて神話なのだ」

ミンツバーグは、指揮者には、オーケストラを前にして指揮棒を振っているときだけでなく、日々の活動や行動のなかに隠れているリーダーシップがあり、それこそが大きな意味をもつと主張しています。そして、数多くの制約がある中で、高度に専門家されたメンバーをマネージしなければならないという点において、指揮者の仕事と企業のマネジャーの仕事には多くの共通点があると言います。

ミンツバーグによれば、指揮者がオーケストラに対してコントロールできることは実際には限定されています。例えば①演奏曲目の決定、②演奏の指導 ③ゲスト演者の選定 ④楽団員の選定や補充 ⑤対外的な交渉など。

オーケストラにおいて指揮者は「上司」ではありません。常任指揮者だけでなく、客演指揮者や副指揮者など様々な立場によって上記の５つでさえ自分の思い通りにできるかどうかは異なります。曲目の選定も、自分の好みでできるわけではありません。お客さんは何を聞きたがっているか、メンバーは何を演奏したがっているかの双方に気を配らなければならないのは、顧客と従業員双方の意見を聞かなければならないビジネスの組織と何ら変わりません。

また歴史のあるオーケストラは独自の文化を持っています。著名な指揮者といえども、伝統からくる秩序をゼロからつくることはできません。かといって全く自分の意見を反映しないのであれば、自ら指揮者の存在価値を否定してしまうことになってしまいます。「全体」を尊重しつつ「自分」を出すという微妙な按配が求められるのです。

2．中学校のブラスバンド

　日本には名の知れた指揮者がそれほど数多くいるわけではありません。実際にはプロのオーケストラの指揮者として生計を立てることができているのはごく限られた人数だと聞いています。

　一方で、指揮台に立っている人はたくさんいます。例えば全国の中学校や高校の多くにはブラスバンド部があります。全日本吹奏楽連盟に所属する団体だけでも1万4千を超えます。合唱団にも指揮者がいます。アマチュアの社会人のオーケストラもたくさんあります。その意味では、指揮者は演奏を行う団体の数だけいると言ってもよいのです。

　限られた例を除いて、ブラスバンドはプロの指揮者が率いているわけではありません。音楽の先生が部活動の顧問となって指導を行い、指揮者をつとめるのが普通です。

　生徒たちに対して指揮と指導を行う先生たちはまさにリーダーです。リーダーの先生方は実際にはどんな活動をしているのか、私は中学生のときにブラスバンド部に所属していましたので、古い記憶をたどってみることにしました。その経験を通して人材と組織あるいはリーダーシップのエッセンスを学んだような気がしてならないからです。

　全国にある中学校のブラスバンド部は、毎年行われる全日本吹奏楽コンクールの全国大会を目指します。野球少年たちが甲子園を目指すのとよく似ています。コンクールにエントリーする中学校は6,631団体（2013年、全日本吹奏楽連盟調べ）ですが、その内わずか0.5％の29校だけが「ブラスバンドの甲子園」とされる全国大会に出場できます。私が所属していたのは、創立から現在に至る50年のうち40回以上全国大会に出場したいわゆる「常連校」でした。

　全国大会に連続出場できたのは、もちろん生徒たちが特別な資質を持っていたからではありません。たまたま伝統あるブラスバンド部がある地区の公立中学校に入学し、ごく自然に入部し、周囲につられて練習し、伝統を引き継いで行ったに過ぎません。

ごく普通の市立の中学ですから、高校野球と違って地区外から優秀な生徒をスカウトすることはできません。地方ですから小学生の頃から先生について習っていた生徒も皆無です。40年全国上位0.5％に入った学校の生徒たちが全国上位0.5％の能力を持っているはずもありません。

　それでは、いったい全国大会に連続出場する学校とそうでない学校の違いは何なのでしょうか。

　まず、圧倒的な練習量です。「あたりまえ」とされる基準が他の学校とは違うのです。練習は朝・昼・晩。休みらしい休みは正月だけです。練習の仕方が先輩から後輩へと受け継がれていって、伝統になります。

　そして、指揮・指導を行う先生の力量です。伝統校と呼ばれる学校を創り上げたのは、ブラスバンドをよく知る人たちの間では伝説となっている指揮者・指導者の先生方です。例えば、西宮市立今津中学校の得津武史先生、豊島区立第十中学校の酒井正幸先生、出雲市立第一中学校の片寄哲夫先生と渡部修明先生など。

　当時を振り返りながら、力のある先生たちが実際に何をしているか「マッキンゼーの7つのS」に従って分析してみることにします（S-7参照）。

☐ ストラテジー：どんな曲にチャレンジさせるか考えます。
☐ ストラクチャー：どのように組織だてるかを考え役職を任命します。
☐ システム：部内のルールをつくり学校やOBと連携します。
☐ スタッフ：部員の適性を判断し誰に何の楽器を持たせるか決めます。
☐ スキル：厳しい練習を通して演奏能力を高めていきます。
☐ スタイル：曲想を練るとともに部活としての活動方法を確立します。
☐ シェアドバリュー：部活の精神を明確にし伝統として昇華します。

　ブラスバンドの指揮者の先生たちは、「経営」を行うトップマネジメントと変わらないことがわかります。生徒それぞれの「デキ」と「ヤルキ」を見極めつつ最大限に引き出し、「ムキ」を揃えます。そのために、リーダーシップのスタイルのギアシフト（L-4参照）を見事に行っています。

ローギア：

　4月になると、中学のブラスバンドには楽器を持ったことさえない1年生たちが希望に燃えて入ってきます。ヤルキだけは溢れるほどあるけれども、デキはゼロ。生徒たちも右を向いてよいか左を向いてよいかわからない状態です。お互いに手探りがつづきます。タックマンのモデルにおける「フォーミング」（S-5参照）の状態です。

　手探りをしている生徒たちに指導教員が「君たちどう思う？」と尋ねても却って不安を煽ってしまうだけです。春の時点でリーダーに求められるのは、ちゃんと教えることです。「あれをしなさい、これをしなさい」「こうしてはだめだ」と具体的に指示を出さなければ、誰もついてきませんし、音を出すことさえできません。それぞれのパートには伝統的な基礎練習の方法があります。あきれるほど単調な練習（例えば管楽器の場合はロングトーン）を強制しなければなりません。

セカンドギア：

　中学生たちも、練習を積むと、何とか音を出せるようになってきます。ところが多少デキるようになった頃に限ってヤルキの方が危うくなります。部活を続けようかやめようかと悩む生徒が出てきて、ムキはバラバラになりがちです。思春期ですから、部活以外のことに興味が湧いても当然ですし、そもそも学校ですから勉強との両立も大切です。部員同士全員仲良くというわけにもいきません。「ストーミング」が始まります。

　プロと違って補充がきかないのですから、メンバーが辞めないようにすることはとても大切です。人事の用語では「リテンション（retention）」といいます。組織内に留めておくことです。

　この段階では優れた指揮者の先生は引っぱる「指導」と支える「支持」の両方を行っています。引き続き具体的な指示を与える必要がありますが、悩んでいる生徒に演奏法を教えてもあまり意味がありません。むしろ何を思っているか聞いてあげることが効果的。指導教員が時間と気持ちの両方を使うことが求められる時期です。

サードギア：

　2年生になると随分とデキのほうは上がって実力は安定してきます。その分、今までは有難かった先生の指導も少し煩(うるさ)く感じてしまうかも知れません。いつまでも「箸の上げ下ろし」をうるさく言っていると、却って部員たちはついて来ません。

　この段階では具体的な指導は少し控えむしろ支援に回っていきます。2年生で全国大会を終えると次の「部長」が決まり、各パートの長が決まります。例えば部長を個別に呼んで意図を聞かせ、部長経由で「間接マネジメント」を行うことも効果的な方法です（S-6参照）。先輩が後輩を指導するというシステムを確立し、楽器の長がチームをまとめていくという組織作りを行っているわけです。リーダーが直接関与しなくても「回る」ようにしていきます。この時期に「ノーミング」の段階に入らなければ、その後の展開はとても苦しくなります。

トップギア：

　3年生となり、いよいよ県大会や全国大会に出場できるところまで「デキ」があがって来ると、また状況が変わります。デキとヤルキとムキがすべてそろい、大会の直前には最高潮に達します。タックマンのモデルでは「パフォーミング」の時期です。

　その頃には中学生といえども結構「大人」の風格が伴うようになり、後輩に対して結構立派な指導を行えるようになります。現実には、このような状態にあるチームだけが、大会で勝ちあがっていけます。

　この段階では指導教員は生徒の自主性に任せきる勇気が必要です。信任を得ると、生徒は燃えます。先輩は後輩を指導することを通じて、更にデキのレベルを高めていきます。いろいろと言いたい気持ちをぐっとこらえて、見守っておくことが大切です（L-3参照）。

　最後の大会の演奏を終えると、「アジャーニング（終焉）」のステージ。生徒ひとりひとりが学びを整理し持ち帰ることが最も大切です。

3．オルフェウス室内管弦楽団

さて「指揮者はいったい何をしているのか」について考察を進めるにあたって、「指揮者がいないオーケストラ」として有名なオルフェウス室内管弦楽団（Orpheus Chamber Orchestra：以下「オルフェウス」と略）をとりあげてみます。

オルフェウスを事例とするひとつの理由は、素人集団としての「中学校ブラスバンド」の対極にある事例だからです。もうひとつの理由は、「指揮者がいない」状況を考えることによって、却って指揮者の存在理由が浮き彫りになると考えるからです。

オルフェウスは、1972年に元チェロ奏者だったジュリアン・ファイファー（Julian Fifer）を中心とするメンバーによって創設されました。弦楽器16名と管楽器10名の計26名から構成される室内交響楽団です。

もともと演奏者全員が創造性を発揮し、全員が偉大な音楽の指揮権を持てる新しいオーケストラを作るという志をもとに結成されました。このオーケストラの最大の特徴は、演奏や練習を含む活動のすべてを、指揮者なしで行うことです。

しかし、指揮者不在でどうやって全体をマネージするのでしょうか？

オルフェウスにおいては、決まったリーダーはいません。でも、リーダーシップは健在です（L-1参照）。オルフェウスには、「持ち回りのリーダーシップ」あるいは「リーダーシップ・ローテーション」と呼ばれるものがあります。すべてのメンバーが自分の得意な領域において順繰りにリーダーシップを発揮していくのです。

通常の「指揮者のいるオーケストラ」では、指揮者が振る指揮棒のもとで音楽が奏でられます。そのさまは、あたかも指揮者がトップマネジメントとして君臨する指揮統制型のヒエラルキー組織であるようにも思えます。それに対して、オルフェウスはフラット型組織。この2つのリーダーシップはどのように異なるのでしょうか？

オルフェウス室内管弦楽団のホームページを訪れると、彼らのリハーサル風景を見ることができます（http://www.orpheusnyc.com/）。そこには、通常では見られない光景が繰り広げられています。メンバーがお互いに他の楽器の演奏者に対して「もっとこうしたらどうだ」と「こんな感じで弾いてくれないか」と意見を述べ合っているのです。

　従来型のオーケストラのリハーサルでは、リーダーである指揮者が指示を出すことはあっても、演奏者たちが楽器の壁を越えて意見を述べることはまずありません。チェロとフルートとファゴットなどの演奏家同士は干渉しあわないのが常識です。大学において「万葉集」と天文学と経営学の学者が互いに意見しあわないのと同じです。あるいは、企業において他部門のことには原則として口を出さないのと同じです。それぞれが「その道のプロ」であることを認めれば、相互の独立を尊重しあうことが最善の策となります。「相互不可侵」が不文律となるのは自然です。全体を仕切るリーダーがいなければ「部門間の壁」を突破していくのは容易ではありません。

　指揮者のいるオーケストラは、ヒエラルキー型組織に似ています。指揮者ひとりがリーダーシップを発揮し、楽器パート間で越境しあうことはありません。それに対して指揮者のいないオーケストラはフラット型組織に似ています。全員がリーダーシップを発揮します。そして楽器パート間に、良い意味での越境があるのです。

　オルフェウスは、リーダーシップがどのようなものであるについて考えるためのヒントを、反対側から照射しているといえるでしょう。指揮者のいないオーケストラは、全員が指揮者の役割を分担するオーケストラと言うこともできるのです。

　『オルフェウス・プロセス』によると、オルフェウスには運営のための「8つの原則」があるとのことです。優れた翻訳がありますが、この本の流れに沿うように、原文から私訳してみました。

① 権限は仕事をする本人の手に委ねる
② プロダクトと品質に関しては個人で責任を持つ
③ 役割に明晰さをもたらす
④ リーダーシップを分け合い持ち回る
⑤ 水平なチームワークをつくりあげる
⑥ 聞くことを学び語ることを学ぶ
⑦ コンセンサスを追い求める
⑧ ミッションに対しパッションを持って献身する

　中でも、第4の「リーダーシップを分け合い持ち回る」という原則は特に注目に値します。指揮者のいないオーケストラにおいては、全員がリーダーシップを発揮します。組織内でリーダーシップが共有され交替していくのです。そのような仕組みのメリットには何があるのでしょうか？

　同書のなかでは次のように説明されています。

- メンバーの中でリーダーが増えること
- オーナーシップ意識が強まること
- 機会の発見、問題対処など考え方や取り組みの幅がひろがること
- 組織へのロイヤリティーが上がること

　オルフェウスのメンバーの平均在籍年数は約20年だといわれます。定着率がとても高いということです。リーダーを固定しないということはパワーが誰かに集中しないということを意味しています。お互いにリーダーとなることで、メンバーが持つクリエイティビティーを引き出していくのです。

　固定したリーダーのいない組織が成立するためには、すべてのメンバーが最高度のデキとヤルキを有するという条件が満たされなければなりません。もし満たされるのであれば、課題に応じてリーダーは入れ替わっていけば良いのだということをオルフェウスの事例は示しています。

　指揮者がいないオーケストラを「リーダーシップのギア・シフト」の

最終形として考えることも可能です。指揮者の影も形も見えないのは、リーダーが指示も支援もしない最終段階（S-4）のさらに先にまで進んだ究極の状態であると考えることができるのです。

　最高のプロ集団が、自主的にストラテジーを立て（S）、自律的にモチベーションを維持し（M）、自働的にリーダーシップ発揮できる（L）ようになったとき、「自（auto）」が確立したといえます。リーダーが良い意味で不要になるのは、全員が自律性（autonomy）を持つ真正の（authentic）リーダーとなる時なのです（L-9参照）。

4．カオスの淵で命を宿す

　指揮者のいないオーケストラがうまく運営できるのなら、なぜあらゆるオーケストラが指揮者なしで運営しないのでしょうか？

　このエッセイの後でインタビューに答えていただいている桜井指揮者によると、実はずいぶん前にある日本の有名オーケストラが「指揮者のいないオーケストラ演奏会」を試してみたことがあるのだそうです。

　日頃から楽団員には指揮者に対する鬱憤もたまっておりオーケストラのメンバーも最初はノリノリだったのですが、演奏会終了後の飲み会で「こんなに疲れるとは思わなかった・・・。」「もうヤメタ！ヤメタ！やってられない！」ということになったと聞いています。なぜでしょうか？

　責任を取る人がいないからです。何か問題が起きた場合、指揮者がいれば「指揮者が悪い」と一致団結できるのですが、リーダーがいないとお互いに責任のなすりつけあいになってしまいます。それが疲労困憊する原因なのです。リーダーの仕事のエッセンスのひとつは「いざとなったら責任を取る」という点にあります。リーダーは1歩でも先を行く人。自分の前には誰もいないのですから風圧は一番高いのですが、それに耐えてステージの際で立っていることがリーダーの仕事なのです。

プロのオーケストラの場合でさえもリーダーなしでは運営は難しいのですから、ましてアマチュアのオーケストラが指揮者なしで演奏しようとすると、簡単にカオスになってしまいます。リーダーの仕事のもうひとつのエッセンスは、「カオスの状況になったら立て直す」ことにあります。あるいは危機管理と言ってもよいでしょう。同時に、カオスはチャンスの宝庫でもあります。どさくさを父、どたばたを母として、いかにして危機を好機に変えていくかも指揮者の仕事です。

　桜井指揮者によれば、指揮者がいなくてもプロのオーケストラであれば曲を「こなす」ことは出来るのだそうです。ただし、譜面どおりのイン・テンポ（正確な拍子）で「揺らぎ」のない曲であればという条件つきです。プロであれば指揮者なしでも縦の線を正確に合わせることはできます。しかし揺らぎのような横の流れがある曲は表現できないのです。

　演歌では「こぶし」が大切であるように、揺らぎが気持ちよさと感動を作り出します。それがなければ「音楽」にはなりません。混沌のカオスにも完全な静けさにも命は宿りません。揺らぎはカオスとその間の波打ち際にしか生まれません。リーダーの仕事の3つ目のエッセンスは「揺らぎを創って命を吹き込む」ことにあります。

　有能なトップがストラテジーを明快に打ち出しモチベーションを高めリーダーシップを発揮してはじめて「群集」が「組織」になります。オーケストラでは「音」が「音楽」になります。それが「命が宿る」ということです（「はじめに」参照）。

　ステージ上では指揮者とオーケストラの間で静かなバトルが演じられています。「一致団結」して「大団円」に向かうだけでなくあちこちで「丁々発止」もあり、一歩間違うと奈落の底。そのような濃密な人間ドラマの展開を観客が見つめているのです。リーダーが立っているのは、そんな場所です。同時にそこが生命が生まれるか生まれないかの瀬戸際でもあるのです。

L-インタビュー
桜井優徳～指揮者のリーダーシップ

経　歴：

1959年 東京生まれ。吹奏楽の名門、東京豊島区立第十中学校のコンサート・マスター（ホルン担当）として2回全国大会出場、金賞受賞。その後東京音楽大学附属高等学校を経て桐朋学園大学へと進む。

17歳で急遽代役としてオーケストラ演奏会で指揮者デビュー。18歳から25年間「デュエール室内オーケストラ」音楽監督・常任指揮者。

「日本フィルハーモニー交響楽団」を中心に「九州交響楽団」「広島交響楽団」等プロのオーケストラの指揮台に立つ他「信州大学交響楽団」をはじめとする全国のアマチュア団体の指揮指導。また「関西吹奏楽連盟70周年・ブラスエキスポ～150人の友愛バンド」の指揮を務めた。

日本指揮者協会事務局長補佐。早稲田大学ビジネススクール招聘講師。国公立大学での講義ならびに講演を務めるほか、日産自動車、NTTグループ等様々な企業で管理職向け組織マネジメント研修の講師。

Photo: Y. Nakatani

Q：L-1の「1歩でも先を行く人にはリーダーシップが必要だ」というのは、指揮者としてはどのように解釈されますか？

　音楽が1拍目でドン！と始まるなら、その1拍「前」に指揮者は指揮棒を振り上げます。聴いている人の耳にはもちろん1拍目から届くわけですが、指揮者は1拍目に向けた準備である前の小節の最後の動作が最も大きくなるのです。例えば4拍子なら「（1・2・3・）4↑」で振り上げて、次の小節の「1」で始めるという感じです。
　チームを率いる時も同じです。リーダーは皆の動作が始まる一瞬「前」に「こう行くぞ！」と周りに示すことが必要です。そのアクションが小さいと、部下はついていけません。「リーダーが1歩先を行く」とは、そのようなイメージではないでしょうか。
　オーケストラで指揮をするときには「（1・2・3・）4↑」で釣り糸を引くようにすると、1拍目にはよい具合に力が抜けて、オーケストラの音がよく出ます。合気道と同じですね。
　出だしの揃った呼吸のことを、音楽用語ではアインザッツといいます。アインザッツのためには、指揮者がキューを出してチームメンバーの呼吸を合わせることが必要です。キューは、一瞬前の適切な合図のことです。「ヨーイ・ドン」や「せーの・ドン」で合わせる時の「ヨーイ」や「せーの」ですね。「ヨーイ」や「せーの」があって初めて同時にかつスムーズな動き出しができ、チームのベクトルが揃い、充実した態勢で目的に向かって進んで行くことができるのです。
　大きなプロジェクトで翌日に大きなイベントがある時などにも、大きなキューが必要です。その意味でも、リーダーは1歩前を行くことをいつも心がけなければなりません。必ずしも強い力でぐいぐい引っ張らないとしても、ほんの一瞬でも先にいるためには、リーダーシップが必要です。それは、私がオーケストラから学んでいったスタイルでもあるのです。

Q：L-2には「氏か育ちか」という問いがあります。指揮者になるためには持って生まれた資質が必要なのでしょうか、それとも育成できるのでしょうか。また、指揮者の育成はどのように行うのですか？

　指揮者の育成は、伝統的には現場主義の徒弟制度です。弟子は師匠のかばん持ちからキャリアを始め、師匠はお弟子さんに練習と本番を見せて育てます。弟子は師匠の背中を見て育つわけです。徐々に現場で空気をつかんでいくというのが昔からの伝統で、ヨーロッパは今でもそうです。

　指揮者の選別については、いわゆる「偉い先生」が弟子に指揮台に立たせて実際に指揮棒を振らせてみる方法がありました。振れれば指揮者、振れなければ指揮者ではないということです。氏も育ちもなく、できるかできないかです。音楽大学を卒業しているかどうかも、関係ありません。

　今では指揮科のある音楽大学も多くなりました。でも指揮科を卒業したからと言って、全員が指揮者になれるはずもありません。ただ、指揮科に在籍するとアマチュアのオケなどのアルバイトが結構来ますから、仕事の経験値を高めることは比較的容易なのですが、経験がないままに早く仕事についてしまうと、指揮者としての道も中断されやすいです。

　本当は、ヨーロッパと同じような方法で育成するのがよいと思います。企業と同様、3年くらいずつのローテーションがあります。最初は小さいオペラ劇場で訓練させます。その後一番小さい音楽劇場で音楽監督を経験させます。それが10年くらいですが、3〜4年でダメという判断が下されると、その後世に出る事はなかなか難しくなります。

　指揮者になるためには、素養と育成の両方が必要なんだと思います。氏と育ちは車の両輪。音楽一家に生まれて遺伝子的にも環境的にも整った人はいますが、私のように中学まで音符も読めなかった人間もいます。

　音大を卒業したにも関わらず社長として大企業を率いている人もいます。このような方々は音楽以上に経営の素養があったのだと思います。その上で音楽の経験をマネジメントに活かしておられるように思います。元々オーケストラの中にいた人たちですから、大勢の組織の中で賢く振舞えるのです。

Q：L-3とL-4ではさまざまなリーダーシップのスタイルを紹介しました。指揮者によってもタイプがあったり使い分けをしたりするのでしょうか？

　指揮者の「帝王」と呼ばれるのは、ヘルベルト・フォン・カラヤン（Herbert von Karajan）です。カラヤンは、ある時は自分がぐいぐいとひっぱる一方で、「指揮者はあまり指揮をするな」という言葉も残しています。「統率する」「あえて介入しない」「皆の意見を聞く」の全ての形を兼ね備え、明確に使い分けをし、それぞれに駆使しました。

　「指揮をするな」とは、あまり強引にオーケストラを指揮すると瓦解してしまうので気をつけろということを、指揮者としての経験から語っているのです。カラヤンは当初とても小さな劇場で仕事をしていました。オーケストラは25人ほどの小編成だったので、演奏できる曲目が限られてしまったのだそうです。50～60人の大編成にする必要があるときには、街の消防局のバンドにお願いに行ってメンバーをかき集めるなど、相当な苦労をしたそうです。

　カラヤンには一流のビジネスマンという評価があります。音楽の専門家はそのような評価を好まないこともありますが、私は尊敬しています。

　カラヤンは演奏のリーダーシップを取ることができただけではありません。世界中でマーケティングを行い、レコードやCDやDVDを通してビジネスを広げ、ベルリン・フィルハーモニー管弦楽団の売り上げを増やし、利益を団員と楽団に還元しました。そうして「世界のベルリン・フィル」を創りあげていったのです。

　カラヤンの前にベルリン・フィルの常任指揮者を務めたのは、ヴィルヘルム・フルトベングラー（Wilhelm Furtwängler）でした。有名な指揮者ですが、その時代には経済的な余裕はありませんでした。カラヤンに代わってから、お金がすごく入ってくるようになった。例えばソニーの大賀さんと手を組んで音源や映像をビジネスにしてお互いに儲かりました。

　そしてその利益をメンバーに還元したのです。「ベルリン・フィルに入ると、美味しいものが食べられる」ということから始まって、一流のプレーヤーが集まるようになりました。そうすると更に能力の高いプレーヤーが

集まります。こうして、どんどんレベルが高くなる流れを創ったのです。これは誰でもできることではないと思います。

　そのほか、カラヤンは日本ではサントリーホールのプロデュースも行いました。要するに彼は一流の音楽家であると同時に、一流のビジネスマンであり、一流の社長であり、一流の企業オーナーなのです。

Q：L-5ではフォーム→ストーミング→ノーミング→パフォーミング→アジャーニングと一連のプロジェクトの流れを書いていますが、音楽の世界ではどうでしょうか？　特にストーム（嵐）が起きた時の介入の仕方には何か良い方法があるでしょうか？

　このような一連の流れは、音楽のシンフォニーの構成と似ています。音楽には、必ずこのような流れがあります。1から4楽章で起承転結になっているのです。流れの局面に応じてリーダーシップの発揮の仕方が異なるというのは、その通りだと思います。

　4つのステージの中では初期に小さな嵐は必ず起きることを覚悟しておくことは大切です。嵐を恐れる必要はありません。必ず起きるからです。むしろ怖いのは嵐が起きていないように見えるときです。でもそれは一見穏便に済むように抑圧しているだけ。表向きを繕おうとすると、本番の時に爆発が起きてしまいます。

　問題があるときには、表面化させたほうがよほど健全です。蓋をして「ないもの」にしようとすると、問題はむしろ発酵してしまいます。結局後になって問題が表に出てしまい、肝心なときに取り返しのつかない事態を招いてしまうのです。

　指揮者であれ、ビジネスのリーダーであれ、アンテナを常に高く立て、メンバーの声なき声に耳を傾け、素早く雰囲気を察知することが大事です。「何かがおかしい！」と感知し、危機対応策を打つことは、リーダーの大切な役割だと思うのですが、そのためには「流れがある」ということを事前に知っておくのはとても良い対策になると思います。

Q:L-8では企業変革のステップを挙げてみたのですが、オーケストラでも変革が必要な場合はありますか? もしあるとすると、どのような変革の方法があるのでしょうか?

　プロのオーケストラでも、ちょっとした変革が必要な場合があります。例えばモーツァルト、ベートーベン、ブラームスといった安定した曲目を常態的に演奏している通常編成のオーケストラがストラビンスキーやマーラーなどの大編成の音楽を突然演奏しようとしてもなかなかうまくいかないことがあります。逆に「グシャーン、ガシャーン」という羽目をはずす系統の曲を長く続けていると、全体が粗っぽくなって崩れていきます。音楽的には「アンサンブルが壊れた状態」と言います。

　そのような時には、世界共通の処方箋があります。ハイドンの交響曲を演奏するのです。ハイドンの交響曲は正統的であまり感情的要素が入っておらず、リズムはぶれず、メロディーは明確です。また、基本的なハーモニーからしかできていません。伸びきったオーケストラをきちんと修正できるのはハイドンの交響曲だけなのです。

　ロックであれクラシックであれ演歌であれ、音楽はメロディーとリズムとハーモニーの3要素のみで成立しています。正確なリズムとメロディーと基本的なハーモニーからなるハイドンの楷書のような音楽が絆創膏や薬の代わりになって、楽団が元の音を出せるようになるのです。これはウィーン・フィルあたりから始まったことのようですが、「困った時のハイドン」ともいわれており、世界中のオーケストラで行われています。

Q:なるほど「ハーイ・ドン!」で戻すのですか! 組織改革では一気に変えようとせずます「解凍」が必要だといわれますが、その方法ですね。

　え? 確かに! ハイドンが「ハーイ・ドン!」だというのは、世界のオーケストラもまだ気づいていないと思います(笑)。スタートは「ヨーイ・ドン」で建て直しは「ハーイ・ドン!」ということですね。

　何ごとも、突然変更すると混乱ばかりが起きます。せっかくの組織改革も、

腰折れしてしまっては意味がありません。オーケストラであれ企業であれ、組織変革は突然に行ってはなりません。一旦基本に戻ってほぐすプロセスが必要です。変革を行うのはそれからです。基本に戻すリセットボタンが「ハーイ・ドン！」なのです。

逆にのびきったオーケストラは、たとえプロでもハイドンを上手く演奏できません。リズムはガチャガチャ、メロディーもだめ、ハーモニーは合わない——そんな時間を経て結局最後は基本に戻るのです。

伸びきったオーケストラと大きなプロジェクトを終えた社員の様子は似ています。疲れていても高揚し「やったー！終わったー！」と帰って寝て疲れをとるどころかそこから飲みに行ってしまい、翌日は二日酔いで仕事にならないなんてことがあると思いますが、まさにそれと同じですね。「ハーイ・ドン！」は次のプロジェクトに向けた準備のためにストレッチを始める合図でもあるのです。

コッターは、変革を進めるときに会社組織では危機意識を醸成していくところから始めると言っていますね。指揮者も敢えて危機意識を煽ることがあります。上手くいっている時にこそ危機意識を持つことが必要です。「このままいけちゃう」という慢心があると、本番で必ずと言っていいほどトラブルが起きてしまうのです。本番前に演奏がオーバーヒートしてしまうからです。それに気がついたら冷たい水を浴びる必要があります。クールダウンです。

実は仕上がりが遅いくらいのほうがむしろ順調なのです。本番ではアマ

もプロもテンションが上がりますから、クオリティーも良くなってゴールには到達します。それに対して、その前から妙に盛りあがってしまうと、上滑りしてしまって却って危険なのです。

ただし、プロのオーケストラのメンバーに対して指揮者は「叱咤激励」はしません。プレーヤーが「プロ中のプロ」というのはまさにその通りですから、言葉の選び方にはとても気をつけます。

Q：最後のL-9にはCで始まる9つのCを挙げました。このなかで、指揮者としてピンとくるものはどれですか？

8番目の能力があること（competent）は指揮者においては指揮のテクニックにあたります。これがないと本番で振れませんから話になりません。そして、3番目の意思疎通（communicate）も、ベースになります。これがなかったら仕事にならないと思います。指揮者は黙って棒を振っているように見えるかも知れませんが、実は話術がとても大切です。何十人ものプロの音楽家たちに少なくとも嫌われないため、あるいはもっと積極的にいえば心を通わせていくために重要なのは、実は「言葉」なのです。言葉をよく選択することはリーダーシップを行使するための非常に重要なテクニックのひとつなのです。そして、ビジョンを提示してベクトルを示し、メンバーと気持ちを交換していくのは言葉の力です。

1番目の好奇心（curiosity）と2番目の創造力（creativity）はカップリングで必要なものです。それらがないと、結局楽譜を楽譜通りにしか演奏できなくなってしまうのです。好奇心に基づいて創造力を発揮する。楽譜を見ると音が浮かび、自分なりの物語が生まれます。そして、ストーリーと音色の「音のパレット」のイメージが湧きます。言葉にしにくいのでそれ以外には表現しづらいのですが。それが「音楽」になるのです。

「確かにそれはとても必要だ」と思えるのは、6番目の確信（conviction）です。指揮者は自分の自宅で仕込みをして指揮台に立つ前に、その曲の「ビジョン」を考えていくのですが、オーケストラの演奏がそのビジョンにそぐわないこともあります。そんなときは微調整をするのですが、根っこ

となる信念がないと相手に合わせすぎることになってしまいます。自分のビジョンが赤でオーケストラのビジョンが黒だからといって、自分も黒にしてしまうのは、間違っています。赤は赤でもワインレッドにするとか、赤のベースは変えないという信念が必要です。信念がなくて、色が転々と変わるようだと、オーケストラの団員から「ついて行けない」と言われてしまうのです。

　ただ、それよりもさらに怖いのは、自分の信念が強すぎることです。「絶対ついてこい！」と言うだけで、現場がついていけていないときは、ただ混乱が起きるだけです。自分の信念を変えずに現場に強要すると、結果的にはお客さんによいアウトプットが出せません。つまりよい演奏ができないのです。ベースは変えず、臨機応変に対応することが大切だと思います。自分のビジョンの軸はブレさせずに相手に合わせていくということが、よい微調整だと思います。

　９つのＣのうちで、指揮者に求められるけれども「学んで習得する事は極めて難しい」と思われるのは、４番目の人間性（character）や６番目のカリスマ性（charisma）です。それらは必要だけどそれを判断するのはあくまでもオーケストラのメンバーやお客さんだと思うからです。

Q：エッセイに書いた「オルフェウス室内管弦楽団」について補足していただけますか？　翻って「指揮者が『いる』オーケストラ」において、指揮者はどのような役割を果たしているのでしょうか。

　指揮者のいるオーケストラでは、指揮者と演奏者の間に暗黙のルールがあります。「うまく行けば演奏者の手柄、しくじれば指揮者の責任」です。つまり、指揮者とは、演奏がうまくいかなかったときなどの「有事」の際に責任を負う役割もあるのです。指揮者は演奏者や観客にとって安全保障上のシンボルなのです。

　それに対してオルフェウスでは、身内のメンバーが交互にリーダーシップを発揮してく方式ですから、仲間内では演奏がうまくいかなかった時にお互いに徹底的に責任追及することは出来ません。

指揮者はまた飛行機のパイロットにも喩えられます。どんなに自動運転であっても、離着陸時には人的オペレーションが必要ですし、エアポケットに入ったり乱気流に巻き込まれてしまったりした時には、人的なハンドリングが必要です。同様に、指揮者の力量は曲の最初と最後や「リスキー・ポイント」と呼ばれる難しい局面で試されるのです。

Q：かぞえ歌の１から９とエッセイのそれぞれに対して的確な答えをいただき、ありがとうございます。ここから先は、多くの方が指揮者に聞きたいと思っている典型的な質問をさせてください。まず、指揮棒でオーケストラをリードしている指揮者は普段いったい何をしているのでしょう？どうしたらプロ中のプロをまとめることができるのでしょうか？

　指揮者は本番で前に立って指揮をしていることが仕事のように見えるかも知れません。でも実際には、指揮者の本来の仕事は練習やリハーサルなどの本番の前の演奏指導です。
　ミンツバーグが指揮者の仕事として指摘している人事を含む経営の仕事は、音楽監督などであれば行っています。また、学校の吹奏楽の指揮者や顧問の先生たちもある意味で行っています（L-エッセイ参照）。
　しかし、いろいろな場所で短期的にゲストとして招聘されている客演指揮者の多くにとって、演奏指導と本番の指揮が仕事になります。
　その場合、何とっても一番大切なのは、演奏家のモチベーションを高めていくことです。モチベーションが高まると楽器同士のシナジーが生まれて音楽のクオリティーが向上するのです。
　単に音を出すことと、さまざまな楽器の音がひとつに合わさって、「音楽」として奏でられることは、全く別のことです。シナジーがメロディー、リズム、ハーモニーをつくるのです。そのためにも、識者は確かな指揮技術を持っていることが絶対的に必要です。モチベーションを高める雰囲気をつくるためにもっとも大切なのは「リハーサル」です。そのために指揮者に求められるのはコミュニケーションスキルなのです。（L-9参照）

Q：オーケストラごとに音や音楽の特徴というのはあるのでしょうか？
もしあるのであれば、メンバーが入れ替わっても同じなのでしょうか？

　特徴の違いはあります。NHK交響楽団、日本フィルハーモニー交響楽団など、それぞれにサウンドが違います。同じベートーベンの運命を演奏しても全然違うものに聞こえます。指揮者が違うからではなく、誰が指揮してもそのオーケストラの音があるのです。

　指揮者がそれを変えようとすると「お前はだまっていろ」となることも少なくありません。そのオーケストラに生えている根っこのようなものだと思います。あるいは文化といってもよいでしょう。

　これをドラスティックに変えることは難しいです。表面的なアジャストは出来ますが、根っこからごそっと変えようとすると指揮者は首になってしまうと思いますね。大学の先生も同じなのではないでしょうか。教授が入れ替わっても早稲田は早稲田、慶應は慶應。企業もそうだと思います。そして、オーケストラも全く同じです。

　ミンツバーグも書いていますが、指揮者は絶対的に有力ではないけれども無力でもありません。現場では仕切るポジションをいただいておりそれをどう使っていくかが重要ですが、最初は使いこなせないものです。特に20代の若い頃は、「お前は指揮台でおとなしく踊ってろ」と言われる事さえあります。

　プロのオーケストラのメンバーは、指揮が気に入らないと楽器をしまって帰ってしまいます。ウィーン・フィルは今でもそうです。でも、そこで上手く踊ると次の仕事が来ます。若い時にディスコに行っておいて良かったと思ったりしました（笑）。ガチンコでぶつかってしまうと、そこで仕事が終わってしまうわけですから、自分のスタイルとオーケストラ独自のスタイルの間で折り合いをつけないといけないのです。

Q：指揮者でもいろいろなポジションがあると聞きました。そのポジションによってもリーダーシップの使い方は違うのでしょうか。

　全権をもっている音楽監督だけが会社で言うと社長のポジションです。他のポジションの場合にはそのような影響力が余りないこともあります。理事会、評議会、後援会組織など様ざまな支援組織があり、ある程度は顔色を窺わなければいけないのが実情です。

　5か所くらいの組織から様ざまなオーダーがあります。私は、何かオーダーが来たら必ず「わかりました」と言います。50歳を超えてやっと多少のご無理ご無体に対しても「任せてください」と言うようになりました。

　評議会などの組織には素人の方もいるので、「できません」とむげにするのは相手にも失礼なことです。スポンサーの場合はもっと気を使います。スポンサーがいないと活動ができないからです。それぞれの意向を組んで、みんなで楽しくできるようにするのがリーダーの役割でもあると感じるようになりました。

　だからといって、すべての意見を反映させるわけでもありません。中には有効な意見もあるのですが、全部をまともに受けていたら現場が混乱し、肝心なクオリティーの高い演奏ができなくなってしまうからです。

　私も若いころは「そんなことできませんよ」なんて言ってしまっていて、「お前生意気だな」なんてなってしまっていましたが、今では「わかりました」と受け流しておくことの必要性を理解しています。例えば、評議会の注文と違うことをやったとしても、いい演奏であれば評議会は「言ったとおりにやってくれた」となりますので大丈夫です。リーダーは周りに囲まれています。あちこちからいろいろなことを言ってきます。それらを無視せずのさりとて真に受けすぎない絶妙の按配もまたリーダーシップに必要なのだと思います。

リーダーシップのかぞえ歌

Q：プロとアマチュアで指揮をする際には、リーダーシップの違いはありますか？

　プロは年間150回くらい演奏しています。指揮者も入れ代わり立ち代わりです。簡潔なリハーサルをして、本番中に演奏が止まらずにクオリティーの高いものを提供できればまずは良いのです。

　それに対してアマチュアは組織づくりから始めなければなりません。演奏が良くてもそれを支える組織がガタガタしていればいい演奏は作れませんし、組織がよくてもただの仲良しチームでは良い演奏は作れません。演奏のクオリティーと組織づくりという車の両輪を回すのが重要です。どちらが欠けてもダメです。L-2で述べられているP（パフォーマンス）とM（メンテナンス）の両方が必要なのです。ここがマネジメントのしどころ、リーダーシップの発揮のしどころだなと思います。

　行く先々のオーケストラであり方が違いますので、私はまずは観察をします。問題点には直接触らないようにしながら、クオリティーをあげていきます。クオリティーがあがっていくと、チームの問題点がかえって浮き彫りになります。目をつぶって見ないようにしていたけれども組織に内在していたものが出てくるのでしょう。「もっといい演奏をしたい」という気持ちがあるので、隠したり伏せていたりしたものが表に出てしまうのだと思います。その段階ではじめて「もっとこう改善したほうがよくなるんじゃないか」というサジェスチョンをするようにしています。

Q：何歳くらいで指揮者になろうと思われたのですか？　指揮者になるにあたって何か転機があったのでしょうか？

　いつ指揮者になろうと思ったというより、なろうと思う前になってしまっていたというのが正確です。分岐点はいくつかあります。

　もともとは野球選手になりたかったのですが、好きな女の子が入部しているという不純な理由で中学校のブラスバンドに入部し（笑）、そのままこの道にはいってしまったんです。最初は譜面も読めず、全国大会に連続出場している強豪と呼ばれる学校とも知らなかったのですが、ホルンを担当し、沢山練習しました。そして、高校は東京音楽大学の付属を受験することにしました。

　高校2年の時に、アマチュアのオーケストラにホルンを吹きに行ったのですが、指揮者が急病で倒れられてしまったのです。その時、私は4曲中1曲しか担当する予定がなかったので部屋の隅で弁当を食べていました。「お前、指揮者の代理をしろ」と言われて、急遽指揮をすることになったのです。そしてそのまま本番も振ることになったのですが、その会場にたまたま有名な音楽評論家の方がいて「指揮者になれ」とおっしゃったのです。そしてその評論家の方が私の知らないところで私の海外留学の段取りまで決めてしまったんです。私には当然、指揮者になろうという欲もありませんでしたから、あれよあれよと進んでいるうちに状況のほうが整ってしまったのです。

　私はもとはといえば野球選手になりたかったわけですし、吹奏楽部に入ったり音大付属高校に進んだりしてからは、プロのホルン奏者になりたかったわけですから、本来の夢は破れているわけです。本当のことを言うと、指揮者の「1番前に立つ」というのが性にあいません。目立つのは好きではないんです。本来の性格としては「大勢の中の1人」が好きですから、自分が本当に指揮者に向いているかどうかはわかりません。

　実は途中で何回も指揮者からは足抜けしようとしました。でも何度も引き戻されて、指揮者を続けて来ました。「指揮者は天職だな」と思えるようになったのは45歳になってから。ちょうどその頃、企業研修の仕事が

来るようになって、オーケストラと企業組織にはたくさんの共通点があることに気がつきました。その３年後から、早稲田の授業の一部で話をするようになりました。まさにチャンスオペレーションだったのです。

Q：そのような経験をまとめて『リーダーに必要なことはすべて「オーケストラ」で学んだ』という本を書かれたのですね。

　自分としては音楽家としてのマネジメント書を書いたつもりだったのですが、経営理論書のカテゴリーでも取り扱って頂いたのは驚きでした。日本指揮者協会も会長・事務局長はじめ皆さん大変に喜んでくれて、60年の歴史で初めての特別推薦も頂きました。

　オーケストラも企業も、「人と組織」の観点から見ると同じなんですね。指揮者と企業のリーダーは、棒を振るかどうかの違いこそあれ、大勢の人をまとめ、組織に命を吹き込んでいくという点においては、何も変わらないのです。そのために私は著書の中で『３つのコア・ポリシー』を特記しました。第１に想像力豊かな敏感アンテナの駆使、第２にメンバーに対するおもてなしと慮りの心、第３に臨機応変な柔軟対応です。

　指揮者は音を出せないかわりに両手を自由に羽ばたかせる事が出来る唯一の演奏者です。指揮棒や指揮者の手の先や腕全体からは微妙なニュアンスが醸し出されます。そのニュアンスこそが音楽の「エッセンス」です。組織に命を吹き込んで音を音楽にしていくことが、指揮者に一番期待されていることなのではないかと私は思います。

Photo: Y. Nakatani

おわりに

1. そら豆をつまみながら

この本を書き始めた頃、そら豆をつまみながら夫婦でこんな会話をしました。(■は私、○は妻。×は聞き取れなかった部分。)

- ■「(野菜といえば) やっぱり、×イシックスはすごいねぇ」
- ○「うんうん、×イシックスはいいよねぇ」
- ■「目のつけどころがいいし、実行力も凄い」
- ○「それはいえる」
- ■「ヤルキもあるしね」
- ○「確かに」
- ■「×シックスは、やっぱりリーダーがいいのかねぇ」
- ○「やっぱ、リーダーでしょ、仕事の経験が活きているのかなぁ」
- ■「確か、元マッキンゼーの方だよね」
- ○「はぁ? なにそれ、いくらなんでもそれはないでしょ」
- ■「え? そうだと思うけどなぁ、有名な話だよ」
- ○「はぁ? 坂本くんがマッキンゼー?」
- ■「え? 社長は高島さんっていう人でしょ!」

てっきり豆に関連する話題だと思っていた私が話していたのは、ネット野菜販売の「オイシックス(Oisix)」。農薬や添加物の使用に配慮した青果物や加工食品を扱って急成長。2013年に上場し、同年末の時価総額は250億円となりました。高島宏平代表取締役CEOは2000年のITバブルの真っ只中に農業とネットを組み合わせて創業した先見性の持ち主だと思います。

リーダーシップ論にも説得力があります。「自分がやるしかない!」という時に人間は持てる力を最大限に発揮する——デレゲーションを行うのはそのためだとの話には大いに納得しました(L-1, L-7参照)。

それに対して妻が話していたのは「ブイシックス（V6）」。言わずと知れたジャニーズ事務所の6人組で1995年に結成されました（S-4参照）。リーダーの坂本昌行は他のメンバーよりずっと年上で一旦ジャニーズを辞めてサラリーマンを経験した後に戻ってきたという経歴の持ち主。

KinKi Kidsに電車の中で会って「坂本今何してるの？」と聞かれて答えられなかったのが悔しかったのが復帰の理由だとか。ここでも、くやしさバネが働いたようです（M-9参照）。

オイシックスとブイシックス――全く異なる話題でありながらそれなりに話が続いてしまったのは、どちらもストラテジー、モチベーション、リーダーシップの要素を含んでいた事例だったからです。

2．おせち料理の3段重

そんな会話をしたこともあって、今年の正月はオイシックスのおせち料理を取り寄せました。とても充実した三段重でした。

後の世代の解釈だと思いますが、おせちには正月の3日間は家事から解放しましょうという意味も込められているとも聞きます。ですから、わが家でも取り寄せたものと手作りを組み合わせています。

さて、この本ではストラテジー、モチベーション、リーダーシップをそれぞれSの章・Mの章・Lの章とし、「かぞえ歌」の形で9つずつの項を紹介しました。まとめの図として9つに区切られた箱を3つ描いてもよいと思います。

オイシックスの「高砂」をいただきながらふと気がついたのは、3つの箱が9つずつ仕切られている様子は、おせちの三段重にそっくりだということでした。つまり、3つのテーマは「Sの重」「Mの重」「Lの重」であり、全体として三段重であると表現することが可能だということです。

S	M	L
1つの定義 / 2つのW / 3つのCと角	1歩目を踏み出す / 2つの発と要因 / 3種の見積もり	1歩でも先をゆく / 2つのディベート / 3つのスタイル
4つの象限 / 5つのチカラ / 6つの問い	4つの源 / 5段の鏡餅 / 6つの学ぶ動機	4段のシフト / 5つのステージ / 6回のターン
7つのS / 8つのアンカー / 9つのブロック	7つの状態 / 8つの顔 / くやしさバネ	7つの音符 / 8つのステップ / 9つのC

　おせちには、子孫繁栄の数の子、腰が曲がるまでの長生きを意味する海老、豊作を祈る田作り、将来を見通す穴のあいたレンコン、まめに働く黒豆など、意味のある食材がコンパクトに詰まっています。言葉遊びをしながら、たんぱく質、野菜、豆など栄養のバランスにも配慮されています。S/M/Lの3つの重でも、できるだけバランスが良くなるように要素を配置してみたつもりです。

　「おせち料理」はもともと「お節供」と書いて「おせちく」と読んだのが始まりだそうです。暦のうえの節句にいただく「おせちく」のうち、特に年の初めのものがおせちの代表として定着したとする説が有力です。節句はこれから来ようとする季節を祝う時であり、過ぎ去った季節を振り返る時もあります。

　S/M/Lそれぞれの重についても、戦略の専門家、脳科学者、指揮者のご協力を得て、一緒に振り返りを手伝っていただきました。動物は2つの目と耳を持っています。同じものを少し違う角度から見たり聴いたりするから、立体的に感じることができます。異なる観点から同じ素材について語っていただくと奥行きが出るのも、似た理由によるものだと考えます。

　「おわりに」として、三段重をまとめて振り返ってみたいと思います。「経営者の視点」が最もふさわしいと考えましたので、3社で社長を務めたプロフェッショナル経営者の岩田松雄先生にお話を伺ってみます。

3．ミッションとS・M・L

　岩田先生の略歴については「はじめに」で少し触れてあり、次のページでも紹介してあります。私とは2012年から早稲田大学ビジネススクールで共同授業も行っています。『ミッション』『「ついていきたい」と思われるリーダーになる51の考え方』『スターバックスCEOだった私が伝えたいこれからの経営に必要な41のこと』など、数多くのベストセラーがあります。振り返りのパートナーとしては理想的です。

　岩田さんと私は日産自動車の1982年同期入社です。777人いた同期のなかで、従業員番号も近く最初の工場現場実習も一緒でした。今はなくなってしまったのですが、神奈川県の座間市にあった工場です。入社早々に独身寮で行われた夕食会で岩田さんは「私は将来社長になりたい」と堂々と言い放っていたのが印象的でした。

　工場実習後岩田さんは購買部へ私は海外企画部へと配属されました。そのわずか数年後、日産自動車は赤字を出してしまい、二人は同時期に販売店に出向することになりました。岩田さんは大阪へ、私は東京へ。お互いに励ましあいながらそれぞれトップセールスとなり、そろって金賞・社長賞を受賞することができました。（私のほうは「ドクロのマネジメント」のプレッシャーに負けただけですが）（M-エッセイ参照））

　その後私はスタンフォードに留学し帰国したのですが、入れ替わりに岩田さんはUCLAへ。岩田家がアメリカに滞在されている間、杉浦家は岩田家のご自宅に「借り上げ社宅」として住まわせてもらいました。ご近所の暖かい人間関係も、そのまま引き継ぎました。

　MBA取得後はそれぞれ異なる経営コンサルティング会社へ。その後は私が人材マネジメントの道を歩んでいる間に、岩田さんが次々と経営者として成功されたことは、ご経歴が示している通りです。その間経営者として一貫して大切にされてきた「ミッション」を軸にして、S/M/L全体の振り返りをお願いしたいと思います。

4．岩田松雄〜全体の振り返り

Photo: Y. Nakatani

経　歴：

　1982年日産自動車入社。購買部、産業機械事業部を経て財務部でキャリアを積む。入社時にTOEICのスコア300点台から猛勉強しカルフォルニア大学ロサンジェルス校（UCLA）アンダーソンスクールに留学し、MBA取得。

　ジェミニ（現ブーズ）での経営コンサルタントとしての経験を経て、日本コカ・コーラビバレッジにて常務。ゲームのアトラスにて取締役社長、タカラにて取締役常務を歴任。

　2005年ザ・ボディショップを運営するイオンフォレストの取締役社長就任。2009年、スターバックスコーヒージャパンのCEOを務めた後、経営者やリーダーの育成を行うため2011年　リーダーシップ コンサルティングを設立。

　2012年より早稲田大学ビジネススクール非常勤講師、2014年より立教大学特任教授。UCLAでは歴代全卒業生37,000人から100人が選出される「インパクトのある卒業生100名（Alumni 100 Points of Impact）に選出。

Q：岩田さんは一緒に授業を始めてから数多くのテーマでベストセラーを出されました。その最初が「ミッション」ですね。

　私は経営をするうえで「ミッション」を一番大切にしています。この本のテーマとなっているストラテジー（S）もモチベーション（M）もリーダーシップ（L）も、すべてこの言葉と関わります。
　私はミッションを「企業の存在理由」と定義しています。企業は世の中を良くするために存在するのだと思っています。言い換えれば、それぞれの会社の存在理由がその会社のミッションです。企業は自社のミッションの実現のために存在し、利益はそのための手段だと考えています。
　組織にミッションが必要なように、個人にもミッションが必要です。「自分は何のためにこの世に生かされているのか」ということです。
　ところが、個人のミッションと所属している組織のミッションが一致しないことも珍しくないかもしれません。その不一致とどう折り合いをつけるかが大事になります。私はその方向性について賛同できればよいと考えています。例えば軍需産業に勤めていても、平和のためというミッションに賛同できるかもしれません。でも、もし方向性にどうしても折り合いがつけられない場合は、その組織を去った方がいいと思います。
　ミッションは、仕事におけるひとつひとつの活動と一貫性を持つ必要があります。従業員たちに自社のミッションを伝え、ミッションに基づいて自分たちの仕事に意義づけをするのが経営者の大きな役割だと思っています。
　日々の活動が意義づけされている場合と、そうでない場合では、仕事に対する姿勢が全く変わってきます。タクシー運転手さんがよい例です。タクシーの運転は肉体的にも大変な仕事だと思います。しかし、もしタクシーの運転手さんが自分たちの仕事を「困っている人を助ける仕事だ」と意義づけることができれば、まったく異なる姿勢になるはずです。
　繰り返しになりますが、ミッションはその企業の存在理由です。一般的に会社は株主のためにあると考えられていますが、企業はただ株主のためにだけ存在するのではありません。企業は自分たちの事業を通じて世の中にために貢献して行くために存在しているのです。ピーター・ドラッカー

(Peter Drucker)も、「利益は企業存続の条件であって目的ではない」と言っています。利益は、企業が事業を通じて社会に貢献を続けていくために必要な手段なのです。

　経営者がミッションに目覚めた具体例に、松下幸之助さんの水道哲学があります。水道の水は価値あるものではあるけれども値段が安いので盗んでも罰せられない。しかし、家電製品は盗むと罰せられる。なぜなら価格が高いからです。松下幸之助さんは、松下電機製作所（当時）のミッションを、水道の水のごとく安価な家電製品を大量に世の中に送り出すことと定めました。

　経営者のなかには利益を企業の最終目標と考えている人も多いですがそれは大きな間違いです。事業を通じて世の中をよくすることが企業の一番の存在理由で、利益はそれを実現するための手段だと私は思っています。

Q：そうすると、戦略もミッションのためにあるということですか？

　戦略は当然ミッションと整合性が取れていなければなりません。経営者は常に、そのミッションをメッセージとして発しなければなりません。
　そのメッセージを従業員に伝える手段の中で、一番大切なのは人事戦略だと思います。人事は従業員にとって一番関心のあるテーマです。アフター5の居酒屋でサラリーマン達が話している内容のほとんどは「今度誰それが偉くなった」など、人事にまつわる話です。私は「人事こそ経営だ」と考えています。まさに「つまるところ人と組織」です。
　企業は自社のミッションと一貫性のある人事評価を行わなければいけません。いくら建前の言葉を掲げても、従業員は人事を企業の本音として受け止めます。人事は、企業の姿勢を示す最大のメッセージなのです。
　例えば、極端な話、ミッションを無視してお客様をだましたり、同僚を蹴落としたりして数字を上げた人を出世させてしまうと「結局は、数字だけなんだな」と従業員は思ってしまいます。従業員たちに間違った方向づけをしてしまうのです。

西郷隆盛の言葉に「功ある者には禄を与えよ、徳ある者には地位を与えよ」があります。ボーナスなど金銭的な報酬は実績を上げた人に与え、社長や役員などの高い地位には、能力があるだけでなく徳があり会社のミッションを体現する人物を据えなければなりません。経営はそれに尽きると思います。

Q：ミッションを重視していると、従業員のモチベーションにも影響するのでしょうか？

　もちろんです。ミッションは自社の存在理由であり、事業の目的でもあります。人は「意義づけ」をされていない事をするのはとても苦痛に感じます。自分たちの仕事の意義を納得できると、やりがいを感じモチベーションが高まっていきます。

　人間の経済的欲求には限度なく、それでいて衛生要因に過ぎません（M-2参照）。給料やボーナスのような金銭的報酬は上げていくときりがなく、またそれだけでモチベーションを上げることは難しいのです。

　スターバックスでは、CEOからアルバイトまで皆「パートナー」と呼ばれています。パートナーには、スターバックスのミッションが深く浸透しています。だからこそ、心からの笑顔で接客することができるし、お客様のことを一番に考えて行動することができるのです。「なぜそれをすべきか」を納得することが、本当のモチベーションの源だと思います。

Q：モチベーションを高めることはリーダーの大切な役目ですから、この2つは強く関連しあっていると考えてよいでしょうか？

　ミッションを浸透させて部下のモチベーションを向上することは、いうまでもなくリーダーの大切な仕事です。

　リーダーシップのコンティンジェンシー理論は、フレームワークとして分かりやすいかもしれません。最適なリーダーシップのスタイルは、状況に応じて変わるという理論です。安定した状況ではみんなで話し合って決断することが適しているけれども、緊急時にはそんなことをしている

時間がないのでトップダウンの強い決断が有効というものです。スタイルを切り替えることについては、運転しながらギアとアクセルの組み合わせで「シフト」をする話（L-4）に近く、状況にはどのようなものがあるかという点については5つのステージ（L-5）で説明されています。

モチベーションを上げるためには、エンパワーメントが大事です。多くの人は、任せてもらえるとモチベーションが上がります。しかし、任せることと、「丸投げ」することはまったく違います。エンパワーメントは、任せつつパワーを与えてあげること。そのためには、まず仕事の目的や指示を明確にした上で仕事を任せ、結果として能力を高めてあげなければいけません。

しかし、この仕事を何のためにやるのかということがわかってないと、どう仕事を進めていいのかもわかりませんから、パワーもつきません。例えば「この資料は役員会に使う」と言われるのと、「この資料はブレストのたたき台として使う」と言われるのでは、仕事の内容や精緻さも違うでしょう。目的や指示が示されないまま仕事を任され、それでできあがった成果を「こんなんじゃない」とけなされたら、人のモチベーションはぐっと下がってしまいます。ひどい場合は、賽の河原の石積みのような拷問になってしまいます。逆に、目的や指示が明確に示された上で任されれば、多くの人はモチベーションが上がり、成果も上がります。

目的や指示を明確にすることのほかに、部下へのフォローも大事です。例えば、他部署への依頼など、部下が直接行うよりも、上司がやる方がスムーズに進むことがよくあります。また、早期に実績を上げさせるような目標を設定してあげることも有効です。プロジェクトチームなどの場合には、実績を上げ続けることが好循環になり、最終的に大きな実績を上げられる優れたチームになることがよくあります。経営コンサルティングの世界では、これをクイック・ヒットと呼んでいます。

クイック・ヒットは、教育の話にもつながります。小さな事でもほめてあげることはモチベーションを向上させるうえでとても重要です。孫を全面的に受け入れていつもほめてくれるおばあちゃんのような存在が、モチベーションを上げるために必要だということです。吉田松陰の私塾で

あった松下村塾でも「リーダーの仕事は、その人の可能性を見つけて、ほめてあげることだ」と言っています。

　人についてほめる部分を見つけることができるのは、優れたリーダーが持つ才能です。リーダーは部下の日常のちょっとした変化に敏感にならなくてはなりません。ほめるためには、まず普段からその人に関心を持つことです。

　マザーテレサは「愛の反対は憎しみではない、無関心だ」と言っています。部下に対して無関心であること、苦しんでいる部下に関わりを持たずに傍観者であることが、愛情の対極にあるということです。

　自分の上司のことばかり気にして、部下に関心がなければ、部下のモチベーションは下がります。そのような意味で、私は周りの人のちょっとした変化に気づき、「今日元気ないね」とか「今日の服はステキだね」などと声をかけるようにしてきました。

Q：モチベーションは、「他者」への働きかけと「自分」への働きかけの両方があるようですね。

　モチベーションには、他者のヤル気を引き出す「動機づけ」と自分自身のヤル気を高める「セルフモチベーション」があります。

　セルフモチベーションのためには、大きな目標とそれをブレークダウンした小さな目標を持つべきです。長期的には大きな目標を掲げるけれども、短期的には達成可能な目標を持つと言うことです。例えば、私が日産でセールスマンをしていた時、「社長賞」という大きな目標を立てました。しかし、社長賞は1週間や1ヶ月の実績でとることはできません。そこで、まずどうすれば長期的な目標である社長賞受賞を達成できるのかを考え、次に例えば毎日飛び込み訪問100件といった短期的な目標を立てました。

　マラソンに例えるなら、長期目標はフルマラソンの完走、短期目標は毎日電柱1本分ずつ走る距離を延ばしていくことといえるでしょう（M-1参照）。日々の小さな目標をクリアして達成感を「見える化」することで、モチベーションは上がっていくのです。

セルフモチベーション向上のためには他にもいろいろな方法があります。例えば、成功イメージを持つことも有効です。かつて MBA 海外留学を目指していた時、上司との関係や仕事と勉強との両立に悩んでノイローゼ寸前にまでいったことがありました。そんな時、留学予備校の校長先生に「1年後の今頃には、君たち全員アメリカのビジネススクールの芝生の上に寝そべっている」と励ましていただき、目の前が開けた思いがして、モチベーションを維持することができました。

　過去の成功体験もモチベーションを上げるのに役立ちます（M-4参照）。私の場合は、大学受験や大学時代の野球部の成功体験を思い出し「あの時できたんだから、今回もできるはず」と自分を信じてがんばることができました。脳科学者・中野信子さんの著書『科学がつきとめた「運のいい人」』でも、常に夢を描くこと、祈ることの大切さが書かれています。

　結局、自分の可能性を信じるということだと思います。

Q：最後に、枠組みというものをどうお考えになるかお聞かせください。

　考え方を「道具箱」からフレームワークとして引き出し、それに沿って課題を整理することは、組織と個人の両方の観点からとても有用です。

　1つめの効用は、時間の節約になることです。会議時間のうち、多くの時間は前提や定義の確認に費やされてしまいます。場合によっては、確認をせずに話を進め、前提が違って議論が噛み合ない事もあります。もし皆が共通のフレームワークに沿って議論すれば、「今日の議論は3Cの中の競合企業（competitor）に絞って話し合いましょう」などと整理することができ、効率的に議論を進めることができます。

　もう1つの効用は、議論が創造的になることです。話が飛んでしまったりせず、議論に集中でき、結果としてより創造的な議論ができます。

　フレームワークを理解することは、議論をするための最低限のルールを知ることです。その土台があるから「そこから先」の創造的な議論ができるのです。例えば、ビジネススクールでケースについてバックグランドの全く違う人同士が議論するときにも、「フレームワーク」を使えば議論が拡散せずにすみます。枠組みを知ることは、議論の土俵に上がる資格を持つということです。その土台があるから、時間の節約もでき、創造的な議論もでき、それぞれの従業員が頭の整理をすることができるのです。

5．整理・整頓・片づけ

　「もっともっと」の時代が終息したように思います。ものをたくさん持つよりも少なくすっきり暮らすことがむしろ豊かなことなのだ——そんな価値観が優勢になって来たように思います。

　『超整理術』（佐藤可士和，2007）や『新・片づけ術「断捨離」』（やましたひでこ，2009）、『人生がときめく片づけの魔法』（近藤麻理恵，2012）、『わたしのウチには、なんにもない』（ゆるりまい，2013）などが次々とベストセラーとなりました。雑誌やテレビ番組でもスッキリ暮らすことの特集が組まれています。整理・整頓・片づけは、根強いブームとなっています。

　それだけ日本が物質的に豊かになったということなのでしょうが、本来「5S」（整理・整頓・清掃・清潔・しつけ）は日本の製造業のお家芸。それらを極めることは生産性の向上に直結します。ものではなく知識や情報についても同様です。知識や情報が次々と入ってくると、あふれて整理がつかなくなります。覚えきれなくなります。覚えなければ身につかず、身につかなければ使えません。私もそうでした。どうすれば整理がつくか考えあぐねて、ふと思いついたのが「かぞえ歌」でした。

　「ひとつとせ・ふたつとせ・・・」と書き連ねながら改めて実感したのは、マネジメントとディベロップメントは同時進行するということでした。「テーマは3つ・中身は1からから9まで」——そう割り切って整理することができてはじめて、逆に考えが広がっていきました。S・L・Mの3つの箱のなかの9つずつの小箱はそのようにしてできていきました。

　「整理」は、散らかった状態にあるものを整えていくことです。

　『気がつくと机がぐちゃぐちゃになっているあなたへ』（Liz Davenport, 原書2001, 訳書2002）という本があります。これも「片づけ本」のひとつで、長い題名ですがもとの英語は"Order from Chaos（混沌から秩序)"。ビシっと格好良いタイトルですが、まさにそれが整理です。

整理には、必要なものと不要なものを分類して不要なほうを捨てるという意味もあります。佐藤可士和さんは、整理するにはプライオリティをつけること、プライオリティをつけるためには視点を導入すること、視点を導入するためには思考の情報化をすることが大切だと言います。プライオリティをつけて、何をして何をしないかを決めることが戦略。ストラテジーの「ひとつとせ」(S-1) は、整理の原点です。

　それに対して「整頓」は、いつでも取り出して使えるように秩序よく並べ、かつ使ったらもとに戻すこと。ルールに従うことが大切で、意思決定は必要ありません。むしろ、意思決定から開放されるためにこそ、整頓という作業はあるのです。

　整頓が必須である代表的なものは道具（tools）です。フレームワークや理論は、現実を理解するためのツールです。順番に整頓して並べたら、取り出しやすい道具箱になるはず――それが、この本で「S・M・L」や「数え歌」にこだわった理由です。私がこの本で提示を試みたのは、コンテンツ自体というより、ものの見方の整理・整頓のしかたの一例でした。

　とっ散らかった頭からは、よいアイディアは出てきません。頭の整理・整頓はセルフ・マネジメント。それがあってはじめてセルフ・ディベロップメントが可能となります。

　とはいえ、私には「整理・整頓」について何かを語るような資格はありません。まだまだ思考も知識も部屋もとっ散らかったままだからです。だからこそ「片づけ」が必要だと思いました。

　「片づけ」とは「カタをつけること」――近藤麻理恵さんの名言です。大学でご縁をいただいて10年目に入り、早稲田ビジネススクールでの「人材・組織」の授業も30回。そんな個人的な節目を迎えて、「この辺でなにかカタをつけたい」という漠然とした思いを持っていました。まずは書斎や玄関や居間やキッチンを徹底的に片づけてみたのですが、やっぱりアタマのほうを片づけたくて仕方なくなりました。

そんな機会をくださった同友館の佐藤文彦さんに感謝します。
　また、「私は片づけをしたいんです！」という個人的なわがままに、素晴らしいイラストで快くおつきあいいただいた谷益美先生、ストラテジーの振り返りで知見をいただいた池上重輔先生、モチベーションの展望でお知恵をいただいた枝川義邦先生、リーダーシップの総括で深いコメントをいただいた桜井優徳指揮者、全体を「ミッション」のもとでまとめ返していただいた岩田松雄先生に、改めてお礼を申し上げます。
　「ヤルキの公式」に出演してくれた辻貴之さん、木村秀雄さん、淺井優さん、佐藤佳さん、「バラとドクロ」を一緒に書いてくれた大花克彦さん、ありがとう。それから、分担して見直しを手伝ってくれた人材ゼミの菊地紀子さん、羽田美穂さん、日数谷祐子さん、藤森亮さん、安原美里さん、渡邊佑さん、打田博紀さん、岡部聡子さん、木内藤丈さん、田口光さん、八尾諭さん、安本寿仁さん、インタビューに参加してくれた人材ゼミ OG の小西由樹子さん、星野由香さん、透明感のある写真でモチベーションを高めてくれた OB の中谷洋平さん、全体の見直しに 3 度つきあってくれた総代の岡田絢美さん、Many thanks indeed!
　最後に、家族へ。
　30 年以上にわたって「家庭のマネジメントとディベロップメント」を実践してくれた妻智子にこの場を借りてお礼を言います。
　原稿を真剣に読んでくれた長男遼に感謝します。他の笑えるかぞえ歌を教えてくれたときには、経営の理論と枠組みで凝り固まりがちな私のアタマをオールクリアにしてくれました。
　整理名人の長女里枝に感謝します。食器戸棚を見事に片づけてくれて、その出来上がりがこの本のイメージにぴったりでした。戸棚の写真を撮って編集の佐藤さんに「これがコンセプトです」と説明したら一発 OK。「写真も載せちゃいましょう」という話になりました。
　ほんとうにありがとう！

2014年3月　西早稲田の自宅にて、家族4人で食卓を囲みながら。

索　引

あ行

アイオワ研究 ……………………… 172
アジャーニング（adjourning）…… 180, 183, 211
アントレプレヌリアル（entrepreneurial）…… 65
意見（opinions）…………………… 43
依存度（dependency）……………… 68
インストルメンタリティー（instrumentality）
　……………………………… 98, 100
インセンティブ（incentive）……… 127
売り手（suppliers）………………… 36, 40
運営（operation）…………………… 12, 24
衛生要因（hygiene factors）…… 95, 96, 149, 241
エクスペクタンシー（expectancy）…… 98, 100
エージェント（agent）……………… 126
S字カーブ …………………………… 32
エントリー・バリア（entry barrier）…… 38
エンバイロメンタル（environmental）…… 70
エンパワーメント（empowerment）
　……………………… 178, 192, 194, 242
オートクラティック（autocratic）… 173-175, 191

か行

買い手（buyers）…………………… 36, 39
カルチュラル（cultural）…………… 69
外発的動機 ………………… 94, 130, 131, 149
カオスの淵（edge of chaos）……… 12
学習動機 ……………………………… 110
学派（school）……………………… 60, 83
キーワード（keyword）……………… 5
期待理論 ………………………… 98, 100, 150
規模の経済（economy of scale）…… 38, 80
キャッシュ・カウ（cash cow）…… 31, 33, 35
キャリア・アンカー（career anchors）…… 50, 54
キャリア選択 ………………………… 25
凝集性（cohesiveness）………… 14, 170, 182
業績評価（appraisal）……………… 192
クエスチョン・マーク（question mark）… 31-35
欠乏動機（deficiency needs）……… 108

限界効用（marginal utility）……… 133
限定合理性（bounded rationality）…… 66
公平理論（equity theory）………… 97
コーチング（coaching）…………… 192, 193
コグニティブ学派（Cognitive School）…… 66, 74
コミットメント（commitment）…… 118-121, 137
コンピテンス（competence）……… 51
コンフィギュレーション学派
　（Configuration School）……… 71, 74

さ行

最適配分（optimal allocation）… 19-21, 141, 186
参入障壁（entry barrier）………… 38
シェアド・バリュー（shared value）…… 48, 209
資源（resources）…………………… 19
資源ベース論（Resource Based View）… 81-83
自己効力感（self efficacy）…… 102-105, 151, 153
自己実現（self-actualization）…… 108, 109
システム・ロックイン（system lock-in）… 29, 85
社会的説得（social persuasion）…… 104, 152
収束（convergence）………………… 12
処遇（treatment）…………………… 11
所属（belonging）…………………… 107
自律性（autonomy）………………… 131, 215
真正さ（authenticity）…………… 108
人的資源（human resources）……… 8, 19, 21
数秘術（numerology）……………… 15
スキル（skill）……………… 47, 48, 190, 209
スター（star）……………………… 31-35
スタイル（style）…………… 47, 48, 172, 209
スタッフ（staff）…………………… 47, 48, 209
ストーミング（storming）……… 180, 181, 210
ストラテゴ（strategos）…………… 19
制御体験（mastery experience）…… 103
制度（system）……………………… 47, 48
セオリー（theory）………………… 10
セルフ・エフィカシー（self efficacy）… 102, 151
前提（assumptions）……………… 43
戦略（strategy）………… 4, 13, 47, 48, 60, 76
戦略サファリ（Strategy Safari）…… 60, 206
戦略的意思決定 ……………………… 19, 21
組織（structure）……………… 8, 14, 47, 48

組織間関係 ･････････････････････････ 11
ゾーン（zone）････････････････････ 114
尊重（esteem）････････････････････ 107

た行

ターン（turn）････････････････････ 185
退屈（boredom）･･･････････････････ 116
代替品（substitutes）･･････････････ 36, 38
代理体験（vicarious experience）･････ 103, 152
達成動機 ･･･････････････････････････ 90
ディベロップメント（development）･････ 11, 165
デザイン（design school）･････････････ 62, 73
デモクラティック（democratic）･･･ 173, 174, 195
動機づけ要因（motivators）････････････ 95, 149
ドーパミン（dopamin）･･･････････････ 144
ドメイン（domain）･･････････････････ 27
トランスフォーメーション（transformation）
　････････････････････････････････ 71, 196
トレード・オフ（trade-off）･･････････ 20, 23, 80

な行

内発的動機 ･･･････････････ 94, 114, 131, 148
ニーズ（needs）････････････････････ 106, 155
二要因理論（two-factor theory）･･････ 95, 149
認知心理学（cognitive psychology）･･･････ 66
ネゴシエーション（negotiation）･･･････ 44, 68
ノーミング（norming）･･･････････････ 180, 182

は行

パイプライン（pipeline）･･････････････ 184
配分（allocation）････････････････････ 20
発散（divergence）････････････････････ 12
パフォーマンス（performance）･･･････ 170, 229
パフォーミング（performing）･････ 180, 182, 211
バリュー（values）････････････････････ 51
バレンス（valence）･･････････････････ 99, 100
パワー（power）･････････････････････ 68, 74
パワーフレーズ（power phrases）････････ 192
PM理論 ･････････････････････････ 170, 181
ビリーフ（belief）････････････････････ 69

ファイブフォース（five forces）････････ 36
不安（anxiety）････････････････････ 116
フォーミング（forming）･･･････ 180, 181, 210
プランニング学派（Planning School）････ 63, 73
プリンシパル（principal）････････････ 126
フロー（flow）･････････････ 114-117, 142, 155
プロダクト・ポートフォリオ・マトリックス
　（product portfolio matrix：PPM）････ 30, 188
分析単位（unit of analysis）･･･････････ 10, 11
ポジショニング学派（Positioning School）
　････････････････････････････････ 64, 73

ま行

マネジメント（management）････････ 11, 12
MECE ･･････････････････････････ 27, 30
メンテナンス（maintenance）･････････ 170, 229
モーティブ（motives）････････････････ 51
目標設定（goal setting）･･･････ 147, 192, 194

や行

優先順位（priority）････････････ 22, 47, 51
誘因（inducements）･･････････････････ 127

ら行

ラーニング（learning）････････････････ 67, 74
ライバルリー（rivalry）･･･････････････ 36, 37
リテンション（retention）････････････ 210
レッセ＝フェール（laissez-faire）･･････ 173, 174

参考文献

和書（著者名 五十音順）

青島矢一，加藤俊彦『競争戦略論（第2版）（一橋ビジネスレビューブックス）』東洋経済新報社，2012年．

浅羽茂『経営戦略の経済学』日本評論社，2004年．

安部義彦，池上重輔『日本のブル－・オ－シャン戦略—10年続く優位性を築く』ファーストプレス，2008年．

飯野春樹『バーナード組織論研究』文真堂，1992年．

市川伸一『学ぶ意欲の心理学（PHP新書）』PHP研究所，2001年．

入山章栄『世界の経営学者はいま何を考えているのか—知られざるビジネスの知のフロンティア』英治出版，2012年．

岩田松雄『ミッション 元スターバックスCEOが教える働く理由』アスコム，2012年．

岩田松雄『「ついていきたい」と思われるリーダーになる51の考え方』サンマーク出版，2012年．

岩田松雄『スターバックスCEOだった私が伝えたいこれからの経営に必要な41のこと』中経出版，2013年．

上野千鶴子『サヨナラ，学校化社会』太郎次郎社，2002年．

内田和成『仮説思考—BCG流 問題発見・解決の発想法』東洋経済新報社，2006年．

内田和成，遠藤功，太田正孝，大滝令嗣，木村達也，杉浦正和，西山茂，根来龍之，法木秀雄，守口剛，山田英夫『ビジネスマンの基礎知識としてのMBA入門』日経BP社，2012年．

梅津祐良『MBA 人材・組織マネジメント』生産性出版，2003年．

枝川義邦『記憶のスイッチ，はいってますか～気ままな脳の生存戦略（tanQブックス）』技術評論社，2014年．

遠藤功『現場力を鍛える—「強い現場」をつくる7つの条件』東洋経済新報社，2004年．

鹿毛雅治編『モティベーションをまなぶ12の理論—ゼロからわかる「やる気の心理学」入門！』金剛出版，2012年．

金井壽宏『変革型ミドルの探求—戦略・革新指向の管理者行動』白桃書房，1991年．

金井寿宏『リーダーシップ入門（日経文庫）』日本経済新聞出版社，2005年．

金井寿宏『働くみんなのモティベーション論（NTT出版ライブラリーレゾナント）』NTT出版，2006年．

金井寿宏，高橋潔『組織行動の考え方—ひとを活かし組織力を高める9つのキーコンセプト（一橋ビジネスレビューブックス）』東洋経済新報社，2004年．

菊澤研宗『戦略学—立体的戦略の原理』ダイヤモンド社，2008年．

菊澤研宗『なぜ「改革」は合理的に失敗するのか―改革の不条理』朝日新聞出版，2011年．
桜井優徳『リーダーに必要なことはすべて「オーケストラ」で学んだ―プロ指揮者の"最強チームマネジメント"』日本実業出版社，2013年．
佐藤可士和『佐藤可士和の超整理術』日本経済新聞出版社，2007年．
杉浦正和『管理者のリーダーシップ』日本経営協会（NOMA）通信教育教材，2011年．
杉浦正和『ビジネスマンの知的資産としてのMBA単語帳』日経BP社，2012年．
須田敏子『戦略人事論―競争優位の人材マネジメント』日本経済新聞出版社，2010年．
田尾雅夫『モチベーション入門（日経文庫）』日本経済新聞出版社，1993年．
高木晴夫監修・慶応義塾大学ビジネス・スクール編『人的資源マネジメント戦略』有斐閣，2004年．
高橋俊介『人材マネジメント論―経営の視点による人材マネジメント論』東洋経済新報社，1998年．
谷口和弘『企業の境界と組織アーキテクチャー―企業制度論序説』NTT出版，2006年．
沼上幹『組織戦略の考え方―企業経営の健全性のために（ちくま新書）』筑摩書房，2003年．
沼上幹『経営戦略の思考法―時間展開・相互作用・ダイナミクス』日本経済新聞出版社，2009年．
根来龍之『事業創造のロジック―ダントツのビジネスを発想する』日経BP社，2014年．
平井孝志『日本企業の収益不全』白桃書房，2012年．
平田讓二『使える！　経営戦略111』中央経済社，2013年．
藤本隆宏，西口敏宏，伊藤秀史編『リーディングス　サプライヤー・システム―新しい企業間関係を創る』有斐閣，1998年．
本間正人『適材適所の法則―コンピテンシー・モデルを越えて』PHPエディターズ・グループ・PHP研究所，2005年．
三隅二不二『リーダーシップの科学―指導力の科学的診断法（ブルーバックス）』講談社，1986年．
宮下清『テキスト　経営・人事入門』創成社，2013年．
守島基博『人材マネジメント入門（日経文庫）』日本経済新聞社，2004年．
守島基博『人材の複雑方程式（日経プレミアシリーズ）』日本経済新聞出版社，2010年．
山倉健嗣『組織間関係―企業間ネットワークの変革に向けて』有斐閣，1993年．

翻訳書（著者名 アルファベット順）

エアーズ，イアン（Ayres, Ian）／山形浩生訳『ヤル気の科学―行動経済学が教える成功の秘訣』文藝春秋，2012年．

バーナード，チェスター I.（Barnard, Chester Irving）／山本安次郎訳『経営者の役割（経営名著シリーズ）（新訳）』ダイヤモンド社，1956年．

ビアー，マイケル（Beer, Michael），スペクター，バート（Spector, Bert），ローレンス，ポール R.（Lawrence, Paul R.），ミルズ，D. クイン（Mills, D. Quinn），ウォルトン，リチャード E.（Walton, Richard）／梅津祐良，水谷栄二訳『ハーバードで教える人材戦略―ハーバード・ビジネススクールテキスト』生産性出版，1990年．

ベサンコ，デイビッド（Besanko, David A.），ドラノブ，デイビッド（Dranove, David），シャンリー，マーク T.（Shanley, Mark, T.）／奥村昭博，大林厚臣監訳『戦略の経済学』ダイヤモンド社，2002年．

ブランチャード，ケン（Blanchard, Ken），ジガーミ，ドリア（Zigami, Drea），オコーナー，マイケル（O'Connor, Michael），エデバーン，カール（Edeburn, Carl）／HRD 監訳／山村宜子，菅田絢子訳『リーダーシップ行動の源泉―DISC と SL2によるリーダー能力開発法』ダイヤモンド社，2009年．

ボイエット，ジョーゼフ H.（Boyett, Joseph H.），ボイエット，ジミー T.（Boyett, Jimmie T.）／金井壽宏監訳，大川修二訳『経営革命大全』日本経済新聞社，1999年．

バーゲルマン，ロバート A.（Burgelman, Robert A.）／石橋善一郎，宇田理監訳，杉浦正和他訳，『インテルの戦略―企業変貌を実現した戦略形成プロセス』ダイヤモンド社，2006年。

チャンドラー Jr，アルフレッド D.（Chandler Jr., Alfred D.）／有賀裕子訳『組織は戦略に従う』ダイヤモンド社，2004年．

チャラン，ラム（Charan, Ram），ドロッター，ステファン（Drotter, Stephen），ノエル，ジェームズ（Noel, James）／グロービス・マネジメント・インスティテュート訳『リーダーを育てる会社つぶす会社―人材育成の方程式（グロービス選書）』英治出版，2004年．

クラーク，ティム（Clark, Tim），オスターワルダー，アレックス（Osterwalder, Alexander），ピニュール，イヴ（Pigneur, Yves）／神田昌典訳『ビジネスモデル YOU―キャリア再構築のための1ページメソッド』翔泳社，2012年．

チクセントミハイ，ミハイ（Csikszentmihalyi, Mihaly）／大森弘監訳『フロー体験入門―楽しみと創造の心理学』世界思想社，2010年．

ダフト，リチャード（Daft, Richard）／高木晴夫訳『戦略と意思決定を支える組織の経営学』ダイヤモンド社，2002年．

デシ，エドワード・L.（Deci, Edward L.），フラスト，リチャード（Flaste, Richard）／桜井茂男監訳『人を伸ばす力―内発と自律のすすめ』新曜社，1999年．

ディキシット，アビナッシュ（Dixit, Avinash.），ネイルバフ，バリー（Nalebuff, Barry）／菅野隆，嶋津祐一訳『戦略的思考とは何か——エール大学式「ゲーム理論」の発想法』阪急コミュニケーションズ，1991年．

ハメル，ゲアリ（Hamel, Gary）・プラハラド，C. K.（Prahalad, C. K.）／一條和生訳『コア・コンピタンス経営——大競争時代を勝ち抜く戦略』日本経済新聞社，1995年．

ハンディ，チャールズ（Handy, Charles）／小林薫訳『パラドックスの時代——大転換期の意識革命』ジャパンタイムズ，1995年．

ハックス，アーノルド C.（Hax, Arnoldo C.），ワイルド II，ディーン L.（Wilde II, Dean L.）／サイコム・インターナショナル監訳『デルタモデル——ネットワーク時代の戦略フレームワーク』ファーストプレス，2007年．

フープス，ジェームズ（Hoopes, James）／有賀裕子訳『経営理論 偽りの系譜——マネジメント思想の巨人たちの功罪』東洋経済新報社，2006年．

アイアコッカ，リー（Iacocca, Lee）／鈴木主税訳『なぜ真のリーダーがいないのか——伝説の経営者が語るトップの条件』ダイヤモンド社，2007年．

カーレフ，ベンクト（Karlef, Bengt）／土岐坤・中辻万治訳『入門 企業戦略事典——実践的コンセプト＆モデル集』ダイヤモンド社，1990年．

カッツェンバック，ジョン R.（Katzenbach, Jon R.）／黒田由貴子監訳『コミットメント経営——高業績社員の育て方』ダイヤモンド社，2001年．

キム，W. チャン（Kim, W. Chan），モボルニュ，レネ（Mauborgne, Renee）／有賀裕子訳『ブルー・オーシャン戦略——競争のない世界を創造する』ダイヤモンド社，2013年．コッター，ジョン P.（Kotter, John P.）／梅津祐良訳『企業変革力』日経 BP 社，2002年．

コッター，ジョン P.（Kotter, John P.），コーエン，ダン S.（Cohen, Dean, S.）／高遠裕子訳『ジョン・コッターの企業変革ノート』日経 BP 社，2003年．

レイサム，ゲイリー（Latham, Gary）／金井壽宏監訳，依田卓巳訳『ワーク・モティベーション』NTT 出版，2009年．

マクレランド，デイビッド C.（McClelland, David C.）／梅津祐良，薗部明史，横山哲夫訳『モチベーション——「達成・パワー・親和・回避」動機の理論と実際』生産性出版，2005年．

ミルグロム，ポール（Milgrom, Paul），ロバーツ，ジョン（Roberts, John）／奥野正寛，伊藤秀史，今井晴雄，西村理，八木甫訳『組織の経済学』NTT 出版，1997年．

ミンツバーグ，ヘンリー（Mintzberg, Henry）／池村千秋訳『マネジャーの実像——「管理職」はなぜ仕事に追われているのか』日経 BP 社，2011．

ミンツバーグ，ヘンリー（Mintzberg, Henry），アルストランド，ブルース（Ahlstrand, Bruce），ランペル，ジョセフ（Lampel, Joseph）／齋藤嘉則監訳『戦略サファリ——戦略マネジメント・コンプリートガイドブック（第 2 版）』東洋経済新報社，2013年．

ナヌス，バート（Nanus, Burt）／産能大学ビジョン研究会訳『ビジョン・リーダー──魅力ある未来像の創造と実現に向かって』産業能率大学出版部，1994年．

オスターワルダー，アレックス（Osterwalder, Alexander），ピニュール，イヴ（Pigneur, Yves），45カ国の470人の実践者／小山龍介訳『ビジネスモデル・ジェネレーション──ビジネスモデル設計書』翔泳社，2012年．

ポパー，カール R.（Popper, Karl R.）／ポパー哲学研究会訳『フレームワークの神話──科学と合理性の擁護（ポイエーシス叢書）』未来社，1998年．

ポーター，マイケル，E.（Porter, Michael E.）／土岐坤訳『競争優位の戦略──いかに高業績を持続させるか』ダイヤモンド社，1985年．

ポーター，マイケル，E.（Porter, Michael E.）／土岐坤，中辻万治，服部照夫訳『競争の戦略（新訂版）』ダイヤモンド社，1995年．

ラマチャンドラン，V. S.（Ramachandran, V. S.）／山下篤子訳『脳のなかの天使』角川書店，2013年．

ロビンス，スティーブン P.（Robbins, Stephen P.）／高木晴夫訳『(新版) 組織行動のマネジメント──入門から実践へ（新版）』ダイヤモンド社，2009年．

ルニオン，メリル（Runion, Meryl）／杉浦正和，曽根宏訳『社員をヤル気にさせる英文フレーズ456──職場の会話＆コミュニケーション・ルール（マグロウヒル・パーフェクト英文実例シリーズ）』マグロウヒル・エデュケーション，2008年．

セイフター，ハーヴェイ（Saifter, Harvey），エコノミー，ピーター（Economy, Peter）／鈴木主税訳『オルフェウスプロセス──指揮者のいないオーケストラに学ぶマルチ・リーダーシップ・マネジメント』角川書店，2002年．

シャイン，エドガー H.（Schein, Edgar H.）／金井寿宏訳『キャリア・アンカー──自分のほんとうの価値を発見しよう』白桃書房，2003年．

センゲ，ピーター M.（Senge, Peter M.）／守部信之訳『最強組織の法則──新時代のチームワークとは何か』徳間書店，1995年．

サイモン，ハーバート A.（Simon, Herbert A.）／二村敏子，桑田耕太郎，高尾義明，西脇暢子，高柳美香訳『経営行動──経営組織における意思決定過程の研究（新版）』ダイヤモンド社，2009年．

ウィリアムズ，レイモンド（Williams, Raymond）／岡崎康一訳『キイワード辞典』晶文社，1980年。

ウイリアムソン，オリバー E.（Williamson, Oliver E.）／浅沼萬里，岩崎晃訳『市場と企業組織』日本評論社，1980年．

［Web 連載］
杉浦正和『キャリアづくり論（日経 Biz アカデミー）』日経 BP 社，2012年．
http://www.nikkeibp.co.jp/article/column/20130730/317976/（第1回）など．

著者略歴

杉浦正和（すぎうら・まさかず）

早稲田大学経営管理研究科教授。1982年京都大学卒、1990年スタンフォード大学MBA。日産自動車（海外企画部）、ベイン＆Co.およびマーサー（コンサルタント）、シティバンク（リーダーシップ開発責任者）、シュローダー（人事部長）などを経て、2004年より早稲田大学、2008年から商学研究科教授、2016年組織統合により現職。コア科目「人材・組織」、ゼミ「人材・組織マネジメント」「戦略的人材マネジメント」などを担当。2018年から早稲田大学グローバル・ストラテジック・リーダーシップ研究所所長（兼務）ならびに国立音楽大学監事（兼務）。実務をベースとした参加型の授業とゼミを日本語と英語で運営している。著書『入社10年分のリーダー学が3時間で学べる』日経BP社、2017年等。

イラストレーター略歴

谷　益美（たに・ますみ）

株式会社ONDO代表取締役、早稲田大学ビジネススクールと岡山大学で非常勤講師。1996年香川大学卒。香川と東京を拠点に全国で企業及び公共団体に向けた対話型研修を展開。人材・組織マネジメントモジュール専門科目「ビジネスコーチング」担当。高校時代に漫画研究会所属。本書はイラストレーターとしてのデビュー作。

Photos: Y. Nakatani

WBS 人材ゼミ Website
http://jinzai-zemi.jp/index.html
WBS 人材ゼミ Facebook
http://www.facebook.com/WBS.jinzai

2014年3月31日　第1刷発行
2014年4月30日　第2刷発行
2018年12月1日　第3刷発行

MBA「つまるところ人と組織だ」と思うあなたへ

Ⓒ著　者　杉　浦　正　和
　発行者　脇　坂　康　弘

発行所　株式会社　同友館

〒113-0033　東京都文京区本郷3-38-1
TEL. 03 (3813) 3966
FAX. 03 (3818) 2774
URL https://www.doyukan.co.jp/

乱丁・落丁はお取替えいたします。　　　　三美印刷／松村製本所
ISBN 978-4-496-05047-3　　　　　　　　　Printed in Japan